쉿! 유출 조심!

우리만의 남다른
철학 레시피

쉿! 유출 조심!

우리만의 남다른 철학 레시피

초판 1쇄 인쇄일 2024년 02월 15일
초판 1쇄 발행일 2024년 02월 28일

지은이 한지선
그　림 이다민
펴낸이 양옥매
마케팅 송용호
지　원 김성호
교　정 조준경

펴낸곳 도서출판 책과나무
출판등록 제2012-000376
주소 서울특별시 마포구 방울내로 79 이노빌딩 302호
대표전화 02.372.1537　**팩스** 02.372.1538
이메일 booknamu2007@naver.com
홈페이지 www.booknamu.com
ISBN 979-11-6752-457-7 (03100)

쉿! 유출 조심!

우리만의 남다른
철학 레시피

한지선 지음

삶의 달콤한 맛, 매운맛, 조화로운 맛을 위한
각종 대처법과 철학 레시피 모음

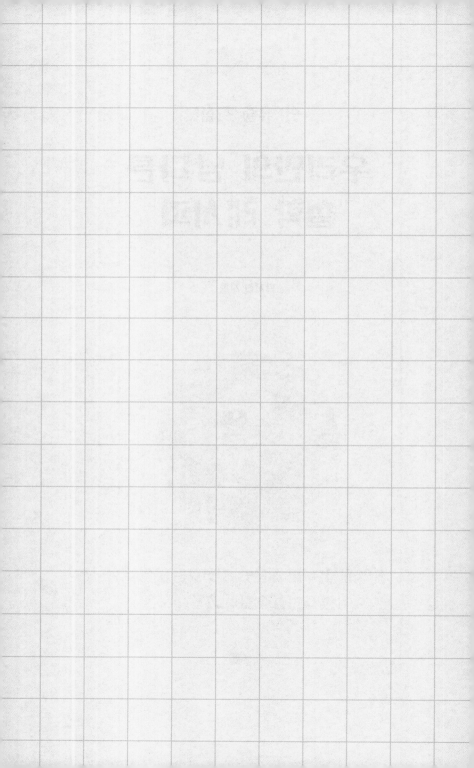

남다른 철학 레시피의 구성도

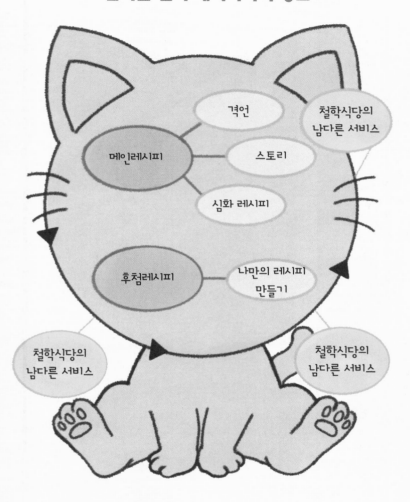

내 삶의 요리사 　(이름　　　　　　　　　　)

이 책을 만난 날 (　　　　년　　　월　　　　일)

프롤로그

"때론 잘 처방받은 약 봉투보다
따뜻한 마음으로 전달된 메시지가
더 큰 위로가 될 때가 많습니다."

자신의 삶을 잘 살아갈 수 있기를 많은 사람은 바랍니다. 하나뿐인 삶이기에 멋지고 아름답게 자신이 원하는 모습대로 살아가기를요. 그러나 이는 절대 쉽지 않습니다. 하고 싶은 것이 무엇인지 모를 수 있고, 알고 있더라도 이루기 힘들어 고통받기도 합니다. 주변 사람들과 자신을 비교하며 힘들어하기도 하고 여러 상황과 인간관계로 많은 스트레스를 받기도 합니다. 이전 사람들에게는 몸의 병이 많았다면 현대인에게는 마음의 병이 더 많아지고 깊어졌습니다. 이렇게 많은 사람이 마음의 상처와 머릿속의 여러 생각들, 스트레스와 번뇌로 고통받고 있습니다.

이때 필요한 것은 바로 내 삶을 잘 살 수 있는 바탕, 즉 주체성입니다. '나를 어떻게 받아들이고 생각하느냐'에 따라 삶은 분명 달라집니다. 연습과 노력으로 분명히 변화할 수 있습니다. 저는 철학적 명언과 격언에 그 변화의 답이 있다고 생각합니다.

철학함의 이유를 한마디로 표현한다면 '인간과 인간 삶에 대한 이해'라고 할 수 있습니다. 인간은 자유의지를 가지고 있으며 더불어 살아가는 존재입니다. 자유의지를 잘 활용하고 인간의 삶을 이해한 겸손한 사람을 '관대(寬大)한 사람'이라고 합니다. 관대한 이들은 자신보다 많은 것을 가진 사람보다 자신이 아래에 있다고 생각하지 않고, 같은 이유에서 자신이 다른 사람들의 위에 있다고도 판단하지 않습니다. 즉, 관대함은 타인을 경멸하지 않도록 막는 것이지요.

데카르트에 따르면 이 관대함은 태생적인 것이 아니라 획득할 수 있는 것이라고 합니다. 그렇다면 데카르트가 말하는 그 '관대함'을 어떻게 획득할 수 있을까요?

저는 그에 대한 답을 '남다른' 방법으로 제공하고자 합니다. 때론 잘 처방받은 약보다 따뜻한 마음으로 건네어진 메시지가 더 큰 위로가 될 수 있습니다. 이 책을 통해 여러분은 관대함의 의미를 깨닫고, 삶에 여러 고난이 닥칠 때마다 마음이 따뜻해지는 조언과 삶에 유용한 철학적 가치를 얻을 수 있을 것입니다.

이 책은 '남다른 철학 레시피'입니다. 가볍고 재미난 소재로 시작하지만, 종종 깊이 있는 철학도 담아내고자 하였습니다.

추울 때 마시는 따뜻한 차 한 잔과 같이 정성 어린 마음이 담긴 철학 요리법을 통해 '남다른' 지혜와 공감을 얻을 수 있기를 희망합니다.

저자 한지선

제3화

삶의 조화로운 맛 을 요리하기 위한 철학 레시피

제1화

삶의 달콤한 맛을
요리하기 위한
철학 레시피

1-1

내 삶을 잘 살 수 있는
기반 다지기

"우리가 알던 소크라테스가
옥떨메였다고??"

*옥떨메: 옥상에서 떨어진 메주처럼 아주 못생긴 사람

"자기 자신을 돌보는 것은 우리의 영혼을 가꾸는 것이다."

– 소크라테스

여러분들이 알고 있는 소크라테스는 어떤 사람인가요? 투철한 철학가? 세계에서 제일 유명한 사상가? 아마 대부분 사람들은 아주 똑똑하고 멋있는 사상가쯤으로 생각할 것입니다. 그렇다면 제가 질문 하나 드려 보겠습니다. 위의 그림 중 소크라테스와 가장 닮았을 것 같은 사람을 골라 보세요.

대부분은 아마 왼쪽 사람이 실제 소크라테스의 얼굴이라고 생각할 거예요. 그런데 사실 알고 보면 소크라테스는 저렇게 깔끔한 얼굴이 아니었답니다. 사실 소크라테스는 추남의 대명사로 불렸어요. 실제 우리가 그를 직접 마주했을 때 그를 가장 닮은 사진이 오른쪽이라고 말한다면 제 말을 믿을 수 있을까요?

소크라테스는 피부는 곰보에 울퉁불퉁하고 머리는 몹시 컸으며 눈은 툭 튀어나왔고 코는 주먹코에다 배불뚝이였대요. 거기에 항상 맨발에 누더기 같은 옷을 걸치고 다녔죠. 그래서 당시에 "당신 소크라테스처럼 생겼군요."라는 말을 들은 한 젊은이가 몹시 화를 냈다는 일화가 전해지기도 해요. 하지만 그의 영혼은 매우 맑고 그의 입에서 나오는 말은 어찌나 지혜롭던지 수많은 아테네의 많은 이들이 그를 추종하고 그의 말과 사상에 공감하였다고 합니다. 그래서 소크라테스를 가리켜 '가장 아름다운 사람'이라고 하지요.

또 소크라테스처럼 많은 영향력을 끼친 철학자가 있을까요? 그는 인류의 정신적 발전에 엄청난 영향을 미친 철학자예요. 소크라테스는 인간의 진실함을 가장 우선적이라고 가르쳤고, 사람은 자신의 내면의 명령에 따라 성실히 살아야 한다고 보았습니다. 또 건강한 신체에 건강한 영혼이 깃든다고 하였으며 실제로도 꽤 건강한 체질로 알려져 있습니다.

그의 아버지는 건강하고 힘센 석공이고, 어머니는 아이를 낳을 때 도움을 주는 산파였어요. 소크라테스 대화법 역시 어머니 직업의 영향으로 산파술이라고 불립니다. 아무리 뛰어난 산파가 있어도 아이는 산파가 낳는 것이 아니라 아기 엄마가 낳는 것이잖아요. 소크라테스 자신을 지혜를 낳을 수 있도록 도움을 주는 산파로, 상대는 대화를 통해 지혜를 낳는 어머니로 생각하였던 것입니다.

소크라테스! 세계 4대 성인이자 '너 자신을 알라.'는 말로 유명한 서양 철학자. 그는 누더기를 걸친 채 맨발로 아테네 곳곳을 돌아다니며 여러 사람을 만났습니다. 이렇게 강인한 몸과 정신을 가진 소크라테스이기에 우리는 긍정적 영향을 더 많이 받을 수 있을 거예요. 그럼 우리는 소크라테스처럼 강인한 정신력을 어떻게 얻을 수 있을까요? 정신력이 강한 사람들에게는 몇 가지 특징이 있다고 해요.

1. 자기 인생의 주인은 자기 자신임을 알고 있으며 자신을 성장시키기 위해 꾸준히 노력합니다.
2. 구체적인 목표를 정하고, 그 목적을 스스로의 힘으로 이루기를 간절히 열망하며, 그 결심을 행동으로 옮기고 꾸준함으로 증명하려 합니다.

너무 뻔한 이야기 같은가요? 그러나 이것은 진실입니다. 별

다른 노력 없이 태어나면서부터 많은 것을 가진 것처럼 보이는 사람도 있습니다. 그러나 겉으로 보이는 것이 전부는 아닙니다. 대부분의 성공한 사람들은 자기 자신과 운을 믿고 끊임없이 노력하는 경우가 많아요. 그런데 여러분! 뭔가 마음을 고쳐먹고 목표를 정했다고 해도 마음속 어지러운 생각들로 힘들지 않나요? 해결법 중 하나를 말씀드리겠습니다.

내 마음속 잡념을 없애고 집중하는 가장 좋은 방법은 now & here! 지금 바로 여기에 '몰입'하는 것입니다. 물론 이 역시 말처럼 쉽지 않습니다. 큰일이나 고민에 부딪힌다면 이는 더더욱 어렵고 혼란스럽습니다. 그러나 건강을 위해 꾸준히 운동하면 조금씩 몸의 근육이 만들어지듯이, 마음도 운동을 통해 조금씩 조금씩 마음의 근력을 키워 나갈 수 있어요. '고기도 먹어 본 놈이 잘 먹는다.'라는 말이 있듯 뭐든 자꾸 해 봐야 익숙해집니다. 정도의 차이는 있지만, 하면 할수록 대부분은 좋아질 수밖에 없어요. 소크라테스처럼 '나의 영혼과 정신을 잘 보존할 수 있다.'라는 진리를 믿고 자신을 끊임없이 단련하는 것입니다.

메인 레시피 2

"뭐?
플라톤이 그렇게 몸짱이었어?"

 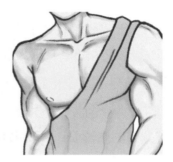

"신체적 건강은 신체가 자기가 맡은 기능을 잘 수행하는 것
이고, 정신적 건강 역시 자기 기능을 잘 수행하는 것이다."

– 플라톤

공부도 좋고 노는 것도 좋지만, 건강의 중요성은 단연 최고
라고 할 수 있습니다. 아무리 좋은 꿈과 목표가 있고, 주변 환
경이 좋다고 해도 아프면 아무것도 아니게 되죠. 또 우리의 몸
과 마음은 몹시 긴밀하게 연결되어서 내가 아무리 굳은 마음을

먹어도 체력이 뒷받침되지 않는다면 그것을 실행하는 데 어려움이 많습니다. '체력 하나만 바꿔어도 인생이 바뀐다.'라는 말이 있습니다. 이는 과장된 표현이 절대 아닙니다.

몸을 단련시키기는 일이 쉽지 않지만, 노력하면 누구나 할 수 있습니다. 몸을 움직이기 싫어하고 몸치라고 하여도 하루 5분부터 시작하여 3, 4주 이상 실천하며 조금씩 늘려 간다면 우리의 몸은 생각보다 훨씬 빠르게 적응합니다. 신체를 건강하게 만드는 것은 여러 스트레스를 해소할 뿐 아니라, 갈등을 해결하는 데도 많은 도움이 됩니다. 규칙적인 식습관과 운동을 통해 건강한 몸을 만들어 가듯이, 마음도 건강하게 만들 수 있습니다. 이를 '멘탈 피트니스'라고 하지요.

신체적 건강과 정신적 건강을 모두 갖춘 철학자 플라톤에 대해 살펴보겠습니다. 플라톤은 외모가 멋진 철학자로도 유명합니다. 몸이 상당히 좋고 건강미가 뿜뿜인 멋쟁이였던 것으로 알려져 있어요. 플라톤이라는 말은 '드넓은 어깨'라는 뜻이라는 주장도 있습니다. 외면과 내면을 모두 잘 가꾸었던 플라톤이 신체적 건강과 정신적 건강을 함께 강조한 것은 그의 삶을 통해서도 잘 엿볼 수 있어요.

세계 최고의 철학자라고 불리는 플라톤(B.C. 427~347)은 아테네 근처의 한 귀족 집안에서 태어나 수준 높은 교육을 받았습니다. 플라톤은 21살에 소크라테스의 제자가 되었고, 소크라테

　　　　　　　　　　　　　　우리만의 남다른 철학 레시피

스가 처형당하자 자신의 꿈을 실현할 곳을 찾아다니다 서양 철학의 기초가 되는 철학 학교인 '아카데미아'를 세웁니다. 플라톤은 철학, 즉 정신적 활동뿐 아니라 육체적 활동을 가르치면서 균형적 교육을 실현하기 위해 노력하였어요.

상당한 미남으로 알려진 플라톤은 아름다운 용모를 지닌 태양의 신 아폴론에 비유되곤 합니다. 오늘날 유행하는 말처럼 '남신'급이었던 거죠. 이렇게 귀족 집안에 몸짱에 얼굴까지 잘생긴, 똑똑하고 지적인 이 청년은 운명처럼 스승 옥떨메님을 만납니다. 플라톤은 소크라테스를 보자마자 반하고 그에게 가르침을 받는데요. 이 스승에게 배운 것 중 큰 것은 바로 무지에 대한 자각이었습니다. 그가 소크라테스의 논변에 얼마나 빠져 있는지 살펴보겠습니다.

> "소크라테스의 말씀을 들을 때 내 심장은 미친 듯 춤추고 눈물이 마구 쏟아집니다. 그러나 나 이외에도 셀 수 없이 많은 사람이 이와 똑같은 상태에 빠져 있는 것을 나는 봅니다."
>
> – 플라톤, 『향연』

이렇게 미남 청년 플라톤은 추남의 대명사인 소크라테스를 만나 운명처럼 지적인 사랑에 빠지고 훗날 서양 철학의 큰 기반을 마련하게 됩니다. 플라톤의 철학이 더 궁금하다면 심화 레시피를 참고해 주세요.

플라토닉 러브

 고대 그리스의 철학자 플라톤이 말한 이상적인 사랑을 뜻하는 말로, 오늘날은 정신적인 사랑을 의미합니다. '플라토닉 러브'는 플라톤의 이름에서 따왔어요. 이를 처음 쓴 사람은 이탈리아 신학자이자 철학자인 마르실리오 피치노입니다. 오늘날 플라토닉 러브는 동성애, 에로스는 이성애로 오해되기도 합니다.

우리만의 남다른 철학 레시피

소크라테스(Socrates, 기원전 470−399)

알라, 알라!
너 자신을!

소크라테스가
더 궁금하다면?!

_____ 소크라테스의 일생

소크라테스! 여러분들은 이 단어를 듣고 어떤 생각이 드나요? 아마 여러분 곁에 '소크라테스가 누구야?'라고 묻는 사람이 있다면, 대부분 한심한 얼굴로 그 사람을 쳐다볼 것입니다. 그만큼 이 철학자는 우리에게 많은 사상과 이야기를 남긴 유명한 철학자 중 한 명인데요. 여기에 사실 여러분이 충분히 놀라워할 만한 사실이 하나 있습니다.

바로 소크라테스가 직접 쓴 어떤 저술도 전해지지 않으며 또한 그가 무언가를 저술했다는 기록도 전혀 없다는 것이에요. 그럼에도 불구하고 우리는 소크라테스에 대하여 그 이전의 철학자들에 비하여 무척 많은 사실을 알고 있습니다. 도대체 어떻게 이런 사실들을 전해 들을 수 있는 걸까요? 우리가 그동안 들어왔던 소크라테스에 대한 이야기들은 거의 모두 그의 제자 플라톤의 『대화편』에 등장하는 내용입니다.

소크라테스는 아테네의 평범한 시민 계급 출신으로 태어났습니다. 조각가 아버지와 산파인 어머니 사이에서 태어난 그는 유명한 철학자가 되기 이전에 조각가로 활동했다고 전해지며, 때로는 군인으로 생활했다고도 합니다. 그러던 중 소크라테스가 철학자의 길로 접어들게 된 계기가 등장하게 됩니다. 바로 당시 아테네에서는 다음과 같은 질문 하나가 사람들 사이에서 이슈로 떠오르기 시작했습니다.

'누가 아테네에서 가장 현명한가?'

그리고 그 질문에 답으로 가장 많이 나온 사람이 누구였을까요? 네! 바로 소크라테스였다고 합니다. 그런데 그때, 소크라테스는 그 답을 듣고 어떻게 행동하였을까요? 기뻐하고 자신감에 충만한 모습으로 사람들에게 자신이 인기남이 되었다는 사실에 기뻐하였을까요? 놀랍게도 모두가 질문의 답을 찾고자 했

우리만의 남다른 철학 레시피

을 때, 소크라테스는 질문의 의미가 갖는 진의를 탐구하고자 했어요. 그것이 바로 소크라테스가 철학자의 길로 들어서게 된 결정적인 계기였답니다. 또한, 그는 다음과 같은 사실을 깨닫게 됩니다.

> "대부분의 사람들은 자신의 무지를 자각하지 못하고 있다.
> 비록 나 자신 또한 무지하나 남들과 다른 점이 있다면, 스스로 무지함을 자각하고 있다는 사실이다."

소크라테스가 자신의 무지를 자각했다는 사실만으로 그가 가장 현명한 인물이라면, 당시 지식인으로 여겨졌던 소피스트들은 무지하면서 그 사실 자체도 모르고 있음을 지적한 것과 다름이 없었습니다. 그 후 그는 '대화'라는 수단을 통해 그들 스스로가 자신의 무지를 깨닫도록 하는 것이 자신의 소명이라고 생각했습니다.

하지만 소크라테스의 이러한 신념은 많은 사람의 미움을 사게 되었고, 아테네의 신을 숭배하지 않고 젊은이들을 타락시킨 죄로 고소를 당합니다. 그리고 그는 어떻게 되었을까요? 안타깝게도 재판에서 유죄 판결을 받게 되고, 결국 사형당했습니다. 그가 사형 선고를 받고 남긴 '검토되지 않은 삶은 인간으로서 살 만한 가치가 없다'라는 언급은 인간의 자기 성찰, 자기반성의 중요성을 강조한 가장 극적인 표현으로 알려져 있습니다.

소크라테스는 철학자로서 투철하게 진리를 탐구하고자 하였습니다. 그 과정에서 그는 특유한 방법으로 진리에 찾아가고자 하였는데요. 그 과정에서 사용한 방법이 '문답법(dialektike)'입니다. 문답법이란 상대방에게 질문을 던지고, 대답의 과정에서 스스로 모순을 깨닫게 하고 이를 교정함으로써 진리를 발견하게 하는 기법입니다. 소크라테스는 일방적으로 자신의 생각을 주입하기보다는 상대방의 사고가 질서 정연하도록 유도하는 방법을 사용하였는데요.

우리가 흔히 소크라테스 하면 알고 있는 '너 자신을 알라(Gnothi Seauton).'는 말은 '너 자신의 무지를 스스로 자각하라.'는 의미로 해석할 수 있습니다. 사실 이 유명한 말은 소크라테스로부터 처음 언급된 것은 아니었어요. 이전부터 대중들 사이에서, 신이 인간에게 내리는 경고문 중 하나로서 이미 통용되던 문구 중 하나였다고 합니다. 소크라테스는 여기에 본인 특유의 의미를 덧붙여 사용했던 것입니다.

한편 소크라테스 자신은 지적인 측면에서의 산파, 즉 다른 사람이 스스로 지식을 발견하도록 도와주는 자라고 자처하므로 그의 방법을 '지적 산파술'이라고도 부릅니다. 이외에도 소크라테스의 윤리 사상은 대표적으로 다음과 같은 특징을 지니고 있습니다.

1. 그는 호메로스적인, 즉 신화적인 도덕의 본질적 요소 중 일부를 거부합니다. 그는 인간의 행위가 신의 의지나 의도에 따라 결정되는 운명적인 것이 아니라고 생각했던 것입니다.
2. 그는 진정한 도덕의 본질을 이성적인 구조로 파악하려 했습니다.
3. 그는 소피스트들의 영향력과 주장에 대항하여 객관적인 도덕(진정으로 파악되어야만 하는 것으로서의 도덕)을 옹호하였습니다.

_____ 소크라테스의 사상: 보편적 정의(定義)

소크라테스는 소피스트들의 상대주의를 비판하면서 올바른 보편적 정의의 발견을 자신의 목표로 삼았습니다. 그래서 많은 초기 『대화편』의 대화 내용이 바로 정의(正義), 덕, 용기 등의 개념에 대한 보편적 정의를 주제로 하는 이유이지요. 소크라테스는 개별적 사례에 대한 판단을 묻는 것이 아니라, 모든 사람이 공통적으로 인정할 수 있는 보편적 개념에 대하여 묻고 있습니다.

예를 들어 『국가』 1권에 등장하는 논의를 보면, 여러 명의 소피스트들에게 '정의(正義)가 무엇인가?'라는 질문을 던지며 이에 답할 것을 요구합니다. 이에 대하여 어떤 사람은 '빌린 것이나 빚진 것을 그대로 갚는 것', 어떤 사람은 '진실을 말하는 것', 그리고 소피스트 철학가인 트라시마코스는 '강자의 이익을 정의라는 허울 좋은 이름으로 미화하여 약자에게 강요하는 것'이라고 답하게 되는데요. 이에 대해 소크라테스는 그런 답변들이 정의의 한 측면 또는 어떤 경우에서의 정의일 수는 있지만 모든 경우에 통용되는 정의 또는 모든 정의로운 행위들을 정의로운 것으로 만들어 주는 근거로서의 보편적 정의(定義)는 아니라는 점을 들어서 비판합니다.

소피스트들의 이런 보편적 · 객관적인 정의를 지니지 못하고 있음을 폭로한 것이지요. 이를 통하여 소크라테스는 소피스트들의 상대주의를 비판함과 동시에, 보편적이고 객관적인 정의와 가치, 진리의 영역이 존재함을 역설합니다. 또 인간은 끊임없는 탐구의 과정을 통해 보편적 진리의 영역에 도달할 수 있다고 주장하며, 진지한 노력을 기울이지 않고 모든 것을 상대적으로 파악하는 소피스트들에 대해 비판하였습니다.

여기서 중요한 점은 인간을 보편적 정의를 파악할 수 있는 존재로 생각하고, 모든 인간이 '보편적으로 지니는 어떤 능력을 근거로 하여' 보편적인 영역의 발견과 인식이 가능하다고 생각했다는 점입니다.

한편 소크라테스는 '보편적으로 지니는 어떤 능력'을 보편적인 영혼(psyche)으로 지적하고 있으며 이를 현대적인 용어로 표현하면 곧 이성이라 할 수 있습니다. 그는 '보편적으로 물으면

우리만의 남다른 철학 레시피

보편적으로 대답할 줄 아는 존재로서의 인간'을 상정하고 있으며 그 근거로 보편적 영혼 또는 이성을 들고 있는 것입니다. 보편적 정의와 이것의 근거가 되는 보편적 이성의 개념은 그의 제자 플라톤의 이데아론의 기초에 직접적으로 영향을 미쳤습니다. 다시 말하자면 소크라테스의 이런 관점을 더욱 발전시켜 체계화한 것을 플라톤의 이론이라 할 수 있습니다.

●

플라톤 (Platon, 기원전 427–347)

서양철학의
기틀을 마련하다.

플라톤에 대한
더 깊이 있는
이론을 원한다면?

_____ 플라톤의 기본 사상

소크라테스의 사상 전반을 완벽하게 계승하고, 더욱 체계화하여 서양 철학의 위대한 전통 중의 하나를 마련한 인물로는 역시 플라톤을 들 수 있습니다. '그리스 철학이 보여 주는 천재성의 완벽한 실현자', '서양 철학의 모든 문제의 근원을 마련한자', '진정한 의미에서 유일한 철학자'라고 불리는 플라톤은 기원전 427년 아테네의 유명한 귀족 가문에서 태어나 최고 수준의 교육을 받았습니다.

처음에는 정치가가 되기를 희망했으나, 플라톤이 10대 후반이 되던 해 스승 소크라테스를 만나 그의 제자가 되고 소크라테스와 함께 많은 사람을 만나며 대화 내용을 기록한 것으로 보입니다. 28세에 소크라테스의 죽음을 경험한 플라톤은 아테네를 떠나 여러 곳을 여행하면서 자신의 학문적 체계를 완성하는 데 전념했다고 하는데요. 그 후 자신의 철학, 특히 이상 국가를 실현하기 위해 여러 시도를 했으나 뜻을 이루지 못하고 기원전 387년경 다시 아테네로 돌아와 아카데미아 학원을 세워 죽을 때까지 독신으로 지내며 제자를 키우고 연구, 저술에 몰두했습니다. 그 유명한 아리스토텔레스도 여기에서 20년 이상 수학했다고 전해집니다.

플라톤의 사상 : **상대주의 비판의 체계화**

플라톤의 『대화편』 초기를 살펴보면, 소크라테스는 보편적 정의와 개념을 추구하면서 소피스트들의 상대주의를 비판하지만 정작 이에 대한 자신의 견해는 제시하지 않은 채 대화를 마칩니다. 플라톤은 소크라테스의 입장을 이어받으면서도 이를 더욱 발전시켜 선이 무엇인지, 정의가 무엇인지를 제시합니다.

그에 따르면 도덕의 기준이 되는 보편적인 선이나 정의는 결코 존재하지 않는 것이 아니며, 상대적으로 상황이나 환경에 따라서 변화하는 것도 아닙니다. 그리고 이 기준은 우리가 무비판적으로 기존의 인습이나 관행에 따르는 것일 수도 없습니다. 이는 오직 인간의 공통적이고 보편적인 본성을 근거로 해 객관적이고 보편적으로 형성되는 것이라고 보았습니다.

플라톤의 사상 : **인간 영혼의 구조**

플라톤의 사상에 따르면 인간의 공통적이고 보편적인 본성으로 등장하는 것이 바로 '인간의 영혼'입니다. 그는 인간 영혼의 구조를 분석해 인간의 영혼을 구성하는 각각의 부분 및 그 부분들의 역할(ergon)을 밝힐 수 있다고 생각했습니다. 플라톤은 인간의 영혼을 '욕구, 기개, 이성'의 세 부분으로 구분하였고 다음과 같은 비유를 들어 인간 영혼의 이상적인 상태를 설명하였습니다.

우리 인간의 영혼은 마차에 비유될 수 있습니다. 마차를 끄는 두 마리의 말이 있는데, 한 마리는 마부의 말을 잘 듣는 좋은 말이고, 다른 말은 채찍을 들어야만 말을 듣는 좋지 않은 말입니다. 실제 마차를 끄는 것은 이 두 마리의 말입니다. (중략) 그러나 말이 마음대로 날뛰면 마차는 위험에 빠집니다. 그래서 마차가 가야 할 방향은 마부가 결정해야 합니다.

– 플라톤, 『파이드로스』

여기서 선한 말은 '기개'를, 날뛰는 말은 '욕구'를, 마부는 '이성'을 가리킵니다. 마차가 목표를 향해 잘 나아가려면 무엇보다 마부가 말을 잘 이끌어야 하고 말들은 마부의 말에 따라 마차를 잘 끌어야 합니다. 이를 인간의 영혼에 적용하면, 이성적인 부분이 욕구와 기개를 잘 다스려야 하고, 욕구와 기개는 이성을 잘 따라야 합니다. 따라서 영혼의 각 부분이 자기 맡은 일을 잘 수행하는 것이 중요합니다.

그래서 플라톤은 욕구는 절제, 기개는 용기, 이성은 지혜의 덕을 갖추어야 하다고 주장하였습니다. 또한 이러한 덕이 서로 조화를 이룰 때 비로소 인간 영혼에 정의의 덕이 잘 실현되어 행복한 삶을 살 수 있다고 보았습니다. 그리고 이런 역할을 잘 수행하는 데서 이른바 '탁월성의 덕(arete)'이 발휘된다고 하였습니다.

플라톤의 사상 : 이상 국가론

플라톤은 영혼 삼분설의 확대가 곧 이상적인 국가의 체계를 구성한다고 생각했습니다. 그는 각 개인이 타고난 바에 따라 자신에게 적합한 한 가지 일을 담당하고 이들이 조화를 이룰 때 이상적인 국가를 이룰 수 있다고 보았습니다. 그는 국가의 구성원을 생산자, 수호자(방위자), 통치자의 세 계급으로 구분하고 생산자는 절제의 덕을, 수호자는 용기의 덕을, 통치자는 지혜의 덕을 갖추어야 하며 특히 절제는 모든 계급에 요구되는 것이라고 주장하였습니다.

또 지혜의 덕을 갖춘 통치자는 선의 이데아에 대한 인식과 실현이 가능한 철인(哲人)이라고 설명하였고, 이 세 계급의 사람들이 조화를 이룰 때 국가는 비로소 완벽한 상태인 '정의의 덕'을 실현할 수 있다고 보았습니다. 플라톤은 자신이 생각하는 이상적인 국가, 즉 소크라테스와 같은 인물을 죽이지 않는 국가의 체계를 제시함으로써 자신의 윤리적인 사고를 완성하고자 하였습니다.

영혼	덕	이상 국가		
이성	지혜	통치자		
기개	용기	수호자	조화	정의
욕구(욕망)	절제	생산자		
개인적 차원		국가적 차원		

플라톤의 사상: **동굴의 비유**

플라톤은 상식 차원에서 자주 발생하는 환상을 꿰뚫어 보기 위해서는 철학적 반성이 필요하다고 생각했습니다. 이는 『국가』 7권에 등장하는 이른바 '동굴의 비유'를 통해 매우 효과적이고 극적으로 표현됩니다. 여기에서 플라톤 자신의 생각을 비유의 형태로 표현하는데요. 우리 인간이 처한 도덕적, 인식적, 형이상학적 입장에 쉽게 접근할 수 있도록 만들기 위한 까닭이라고 합니다.

우선 그는 다음과 같이 생각해 볼 것을 제안합니다.

1. 매일 일상적인 삶을 살아가는 우리는 평생 동안 동굴 안에 묶여 있는 죄수와 같아서 오직 우리 앞에 놓인 동굴의 벽면만을 쳐다볼 수 있다.
2. 죄수들 뒤에 있는 담 위로 사람들과 여러 동물들의 상이 지나가 벽면에는 그들의 그림자가 비치며 담의 뒤쪽에는 빛의 근원이 되는 불이 타오른다.
3. 벽면의 그림자 외의 다른 어떤 것도 보지 못하고 그림자가 비치게 되는 체계를 전혀 알지 못하는 죄수들은 그림자들이 진정한 사람과 동물들이라고 굳게 믿을 것이다.

이런 상황에서 어떤 죄수들이 고개를 돌려 타오르는 불과 여러 가지 상들을 직접 보게 된다면 어떤 일이 일어나게 될까요? 불 때문에 순간적으로 아무것도 보지 못하던 죄수들은 점차 시력을 회복하고 난 후 처음에는 담 위로 지나가는 여러 상들이 진정한 것이 아니라고 생각할 것입니다. 그러나 잠시 후, 그들은 그런 상들이 벽에 비치는 그림자보다 더욱 큰 실재성을 지닌다는 점을 깨닫게 될 것입니다.

더 나아가, 만일 죄수들이 동굴 밖으로 빠져나오게 된다면 그들은 다시 한번 태양의 빛 때문에 아무것도 보지 못할 것이고 처음에는 그들이 동굴 밖에서 마주치는 대상들이 진정한 것이 아니라고 생각할 것입니다. 그러나 결국 그들은 이런 대상이 사실상 가장 진정한 것이며 동굴 안에서 보았던 여러 상이나 벽면에 비친 그림자는 사실 가장 큰 실재성을 지니는 것의 모사 또는 반영일 뿐이라는 점을 깨달을 것입니다.

마지막으로 그들은, 여전히 사슬에 묶여 있는 다른 죄수들을 계몽하기 위해 반드시 동굴 안으로 돌아오려 할 것입니다. 그러나 동굴 밖의 세계를 경험한 계몽된 죄수들, 즉 진리를 깨달은 자들이 동굴 안에 남아 있던 죄수들로부터 진심으로 환영받는 것은 아닙니다. 동굴 안에 있던 죄수들은 돌아온 죄수들을 허풍쟁이라고 생각할 것이며 그들이 거짓말을 하거나 터무니없는 이야기를 꾸며 낸다고 비난할 것입니다. 동굴 안에 있던 죄수들도 사슬에서 풀려나서 가파른 경사를 걸어 동굴에서 벗어나 진정한 세계를 경험한 이후에만 그들의 이야기를 믿게 될 것입니다.

이런 동굴의 비유는 많은 것을 상징하며 플라톤이 전하려는 많은 내용을 담고 있습니다. 윤리적인 관점에서 보자면, 이 비유는 우리의 일상적인 도덕적 사고가 단지 벽에 비친 수많은 그림자에 대한 공허한 개념에 지나지 않는다는 플라톤의 신념을 전하는 것으로 해석할 수 있습니다. 우리는 제한된 시각으로부터 벗어나야만 정의(正義)가 진정으로 무엇인가를 파악할 수 있습니다. 정의의 진정한 본성은 우리가 이성에 비추어 그것을 파악할 때만 드러날 것입니다.

우리만의 남다른 철학 레시피

한편 플라톤은 동굴의 비유를 통해 우리에게 많은 경고를 하고 있습니다. 죄수와 같은 모습으로 살아가는 우리들이 가장 경계해야 할 것은 안락함과 권태에 빠져 동굴 밖으로 나가려는 용기를 잃고 그런 시도조차 하지 않는 것입니다.

그리고 플라톤은 진정한 교육자의 조건으로 세 가지를 제시합니다. 첫째 동굴 밖의 진정한 존재의 세계를 인식할 것, 둘째 동굴 밖에서 혼자만의 명상을 즐기며 동굴 안의 사람들을 조롱해서는 안 되며 반드시 동굴 안으로 돌아올 것, 셋째 동굴 안의 모든 사람이 동굴 밖으로 나가도록 죽음을 무릅쓰고 인도해야 한다는 것입니다.

플라톤의 사상 : **기게스의 반지**

기게스의 반지(Gyges' Ring)라는 유명한 이야기는 『국가』 2권에 등장합니다. 기게스는 평범하고 겸손하며 법을 잘 지키는 양치기로서 자신의 양 떼들을 잘 돌보며 동료 양치기들과 매우 잘 어울려 지내는, 별문제 없는 사람이었습니다. 그러던 어느 날, 길 잃은 양을 찾던 기게스는 우연히 손가락에 반지를 끼고 있는 해골을 발견하게 됩니다.

그 반지를 자신이 갖는 것이 누구에게도 해를 입히는 일이 아니라고 생각한 그는 그 반지를 가져갔는데요. 그 후 반지에 신기한 기능이 있다는 것을 알아내게 됩니다. 바로 반지를 돌려 보석을 손 안쪽으로 향하게 하면 다른 동료들이 마치 그가 자리에 없는 듯이 생각하게 된다는 사실이었습니다. 그 후로도 몇 차례나 반지의 보석 부분을 손 안쪽으로 돌리면 실제로 자신이 보이지 않는 사실을 확인한 그는 곧바로 평범한 양치기의 생활을 그만두게 됩니다.

그 이후로 기게스는 어디로 향했을까요? 그는 반지의 도움으로 궁전으로 가서, 왕을 살해하고 왕비를 유혹해 왕관을 차지하게 됩니다. 그리고 죽는 날까지 부와 명예와 권력을 충분히 누리면서 살았다고 합니다.

이 이야기를 듣는 우리들은 이와 관련해서 다음과 같은 도덕적 질문을 던질 수 있습니다.

'만일 우리가 이런 반지를 발견해 기게스와 마찬가지로 그것을 훔쳐서 도망칠 수 있다면 우리도 기게스와 같이 행동하게 될까?'

'도덕 원리들을 지키지 않고도 전혀 붙잡히거나 처벌받지 않는다면 그래도 여전히 도덕 원리들에 따르는 사람이 있을 것인가?'

'만일 붙잡히거나 처벌받지 않는다면 오히려 우리 모두 기게스와 같은 길을 걷게 되지 않겠는가?'

'만일 우리가 비도덕적으로 행위를 하고도 얼마든지 도망칠 수 있다면 우리가 도덕적으로 행위해야 하는 어떤 이유라도 존재하는 것인가?'

우리만의 남다른 철학 레시피

이 문제는 이른바 'why be moral problem'이라고 불리는, 도덕에 관한 궁극적인 의문을 제기하는 도덕적 질문들입니다.

I-2
내 인생의 멘토가 되는
삶의 자세

"행복해야 해!" 행복을 주장한 중용의 철학자 아리스토텔레스

"한 마리의 제비가 날아왔다고 봄이 온 것은 아니며, 하루의
실천만으로 행복한 사람이 되는 것도 아니다."

– 아리스토텔레스

우리는 행복하기를 원합니다. 행복은 그 대상도 내용도 색깔
도 제각기 다르지만 인간이라면 누구나 행복한 삶을 꿈꾸고 추
구합니다. 아리스토텔레스는 인간 행위의 최고선을 행복이라고
제시했어요. 행복을 위해서는 무엇이 필요할까요? 건강, 재산,

친구, 외모, 지능 등 여러 가지가 떠오르겠죠? 하지만 아리스토텔레스에 따르면 진정한 행복이란 '탁월성으로서의 덕(德)을 갖춘 삶을 통해 완성될 수 있는 것'이었어요. 그는 이를 설명하기 위해 먼저 인간의 영혼을 다음 세 가지로 구분하였습니다.

1. 순수하게 이성적인 부분
2. 감각이나 욕구와 같이 이성의 영향을 받을 수 있는 부분
3. 영양이나 성장과 같이 이성과 관련 없는 부분

그리고 이에 따라 덕(탁월성)을 두 가지로 구분하였어요.

1. 품성적인 덕
2. 지적인 덕

먼저 품성적인 덕은 영혼의 감각과 욕구의 기능이 이성에 귀를 기울이고 이성의 명령에 따를 때 얻을 수 있는 덕으로 용기, 절제, 친절 등이 있어요. 품성적인 덕은 과도함과 부족함의 덕 사이의 적절한 상태, 즉 중용을 그 특징으로 합니다.

우리만의 남다른 철학 레시피

중용이란 대충대충, 적당히 혹은 산술적인 중간이 아니에요. 부족하지도 않고 지나치지도 않은 상태를 말합니다.

중용의 예

부족함 (−)	중용★	과도함(+)
무감각	절제	방종
비굴	긍지	오만
무기력	온화	성급함
거짓 겸손	진실	허풍
심술궂음	친절	아첨

지적인 덕은 영혼의 이성적 기능이 탁월하게 작용할 때 얻을 수 있는 덕으로 교육을 통해 길러지며, 품성적인 덕에 영향을 끼칩니다. 아리스토텔레스는 덕의 실현에서 사회적 측면을 강조합니다. 인간은 사회적 존재이고, 덕 있는 사람이 되려면 사회적 책임과 역할에 충실해야 한다고요. 또 이러한 지속적인 실천과 도덕적 품성을 강조한 아리스토텔레스의 윤리 사상은 현대의 덕윤리로 계승됩니다.

한 번의 선행으로 내가 선한 사람이 되는 것이 아니듯 지속적인 실천을 강조하며 행복한 삶을 살아갈 것을 강조하고, 인간 삶의 궁극적 목적을 행복이라고 정의하며 인간을 사회적 동물이라고 봅니다. 이번엔 그가 주장한 행복한 삶과 관련하여 인간관계, 그리고 다른 사람의 영향과 인정에 대해 우리가 어떻게 대처해야 할지에 대해 살펴보겠습니다.

아리스토텔레스를 통해 생각해 보는
행복한 인간관계와 습관

우리는 인간이기에 다른 사람과 함께 살아가고 타인의 영향에서 완전히 벗어날 수는 없습니다. 또 사람으로부터 고통받기도 하지만, 사람으로부터 희망도 찾습니다. 그렇다면 한번 생각해 보아요. 우리는 인간관계에서 어떠한 시각을 갖고 살아가야 할까요?

사람은 타인으로부터 인정을 구하기도 하고 인정을 얻기 위해 노력합니다. 하지만 다른 사람의 인정을 구하는 일이 필요조건이 되어서는 안 됩니다. 단지 희망 사항이 되어야 해요. 자신의 말이나 행동에 상당 부분을 타인의 인정에서 찾으려는 것은 옳지 않습니다.

또 모든 사람이 나를 좋아하는 것은 불가능하죠. 만약 내 주변에 10명의 사람이 있다면 3명은 내게 호감을, 3명은 내게 비호감을, 4명은 나에게 무관심하다고 합니다. 이는 사람과 상황에 따라 달라질 수 있지만, 겉으로 드러난 사람들의 모습이 모두 진짜는 아니라는 사실을 인식하고, 다른 사람과 비교하거나 필요 이상의 관심을 두지 않도록 해야 해요.

〈멘탈이 튼튼한 사람들의 특징〉

1. 있는 그대로 현재 상황을 인정하고 이해해요.

2. 다른 사람을 배려할 줄 알아요. 하지만 필요 이상의 희생은 하지 않아요.

3. 나를 이유 없이 싫어하는 사람들에게는 신경 끄려고 노력해요.

4. 쓸데없는 추측, 특히 부정적인 추측은 하지 않으려고 해요.

5. 내 삶을 주체적으로 살아가고 규칙적으로 생활하며 부지런히 움직여요.

앞서 설명한 것처럼 정신 건강도 몸 건강을 위한 운동과 같아서 연습할수록 반드시 좋아집니다. 그리고 이러한 연습과 함께 사람에 대한 인식과 관점을 달리할 필요가 있어요.

다른 사람에게 인정받고 싶은가요? 하지만 인정받고 싶어서 하는 마음은 애타게 구할수록 멀어지기 마련이에요. 내가 꼬리를 따라다니면, 그 꼬리는 계속 내게서 멀어지는 것과 같아요. 그런데 내가 바쁘게 생활하며 관심 끄고 꼬리를 따라다니지 않으면, 꼬리는 내가 가는 곳이면 어디든 따라옵니다. 인간관계도 이와 비슷해요.

또 인정은 사람과 사람 사이에서 교묘한 조종 수단이 되기도 합니다. 인정만을 원하면 자신의 가치가 타인에게 맡겨져 있기 때문에 다른 사람들이 동조해 주지 않으면 다른 사람의 평가에 따라 나는 가치 없는 인간이 되어 버릴 수 있어요. 그래서 스스로 자신을 인정하고 다른 사람이 고개를 가로저어도 의연할 수 있도록 노력하는 것이야말로 다른 사람의 통제에서 벗어날 수 있는 현명한 방법이랍니다.

그렇지만 타인에게 자꾸만 인정받고 싶을 때는 어떻게 해야 할까요? 아리스토텔레스의 말처럼 인간은 사회적 동물이고 다른 사람의 영향이나 평가에서 벗어나기가 쉽지 않은데 말이에요.

인정받고 싶은 생각이 들 때 가장 효과적인 방법은 우선 내가 먼저 '나 자신을 인정하는 것'이에요. 다른 사람의 인정은 즐거운 일이지만, 이것이 내 삶의 중심을 차지해서는 안 돼요. 내가 내 삶의 중심이 되어야 합니다.

또 나 자신을 좋아해야 해요. 내가 나를 좋아하지 않는데, 그 누가 나를 진정으로 좋아할 수 있을까요? 설령 겉모습이나 다른 요인에 이끌려 나에게 관심을 두고 접근한다고 해도 내가 나를 잃거나, 나 자신의 중심점이 없다면 다른 사람과의 관계는 오래 유지되기가 힘들어요. '사랑받아 본 사람이 진짜 사랑을 할 수 있다.'라는 말이 그냥 나온 말은 아니랍니다.

우리가 타인의 인정과 속박에서 벗어나는 방법은 인정만을 쫓는 것을 피하고, 모든 이에게서 인정을 구하려고 하지 않는 태도에서 찾을 수 있어요. 나 자신과 대화하고 긍정적인 자아상

우리만의 남다른 철학 레시피

에 자문을 구하면 오히려 칭찬은 제 발로 찾아올 수 있습니다.

그리고 이러한 자아상을 통해 삶에서 좋은 습관을 만들어야 해요. '한 마리의 제비가 날아왔다고 봄이 온 것은 아니며, 하루의 실천만으로 행복한 사람이 되는 것도 아니다'라는 아리스토텔레스의 말처럼요.

✳ 유덕한 인간이 되기 위한 조건

1. 지식과 경험을 바탕으로 많은 것을 알도록 노력하고, 이를 바탕으로 올바른 판단력을 지녀야 해요.

2. 인간이라면 흔히 갖기 쉬운 극단적 감정을 피하도록 하고, 감정의 굴레에 휘말려 극단을 달리지 않도록 해요.

3. 자신의 성향을 파악하고 자신에게 적합한 중용을 발견하도록 노력해요.

4. 한 마리의 제비가 온다고 봄이 되는 것은 아닌 것처럼 어쩌다 한 번 좋은 행위를 하는 것이 아닌, 중용에 맞는 행위를 잘 선택할 수 있도록 습관화해요.

아리스토텔레스(Aristoteles, 기원전 384-322)

행복의
진리를 찾다.

다소 어렵고
딱딱한 내용이니
유의 바람

_____ 아리스토텔레스의 기본 사상

플라톤의 뒤를 이어 그리스 철학의 황금기를 형성한 또 한 사람의 철학자가 바로 아리스토텔레스입니다. 소크라테스와 플라톤이 아테네 출신이었던 것과는 달리, 아리스토텔레스는 그리스의 북동 해안 지역 마케도니아의 스타게이로스라는 도시에서 태어났습니다. 아버지가 마케도니아 왕의 궁전 의사였으므로 어릴 때부터 생물학이나 의학 등의 지식에 자주 접했으리라 추측됩니다.

17세에 플라톤이 세운 아카데메이아로 가서 플라톤이 죽을 때까지 20여 년간 플라톤과 함께 생활했다고 합니다. 플라톤이 죽은 후 아카데메이아의 운영 문제로 다른 제자들과 마찰이 생기자 아테네를 떠났고, 여러 곳을 여행하다 고향 마케도니아로 돌아가 당시 어린 나이였던 마케도니아 왕자(후에 알렉산드로스 대왕이 됨)의 교사 생활을 했습니다.

알렉산드로스가 왕위에 오른 후에는 아테네로 돌아와 리케이온이라는 학교를 세웠고, 수많은 자료를 수집하여 이를 바탕으로 강의와 연구, 저술에 전념했습니다. 이 학교에서는 숲속의 산책로를 걸으며 철학을 토론했다고 전해지며, 아리스토텔레스와 그의 제자들은 '소요학파'라고 불리게 되었습니다.

기원전 323년 알렉산더 대왕 사후, 반마케도니아 운동이 발발하였고 아리스토텔레스는 야만스럽고 난폭한 제자를 키워 그리스의 질서를 붕괴시켰다는 이유로 아테네에서 고소당하게 됩니다. 이후 유죄 판결을 받고 사형 선고가 내려졌지만, 그는 '아테네 시민들이 다시 한번 철학에 죄를 범하는 것을 막기 위해서'라는 말과 함께 피신했으며 피신지 칼키스에서 생애를 마감했습니다.

그는 다양한 분야에 대해 저술을 남겼습니다. 현재 전하지 않는 것도 많지만 중요한 저술은 대부분 전해지고 있습니다. 대표적 저술로는 논리학을 다룬『오르가논』(이 책에서 고전 논리학이 완성됨), 인간의 영혼을 다룬『영혼론』, 본격적인 철학적 저술인 『형이상학』, 예술의 문제를 다룬『시학』, 정치철학을 제시한『정치학』, 중세까지 자연과학을 지배한『자연학』등이 있습니다.

그는 논리학을 학문의 방법론으로서 중시했으며 이를 바탕으로 형이상학을 본격적으로 탐구했습니다. 그의 현존하는 저술만으로도 그가 엄청나게 다방면으로 연구했음을 알 수 있고 단편적이기는 하지만 상당 분량의 물리학, 생물학 방면의 저서도 남아 있습니다. 특히 윤리학과 관련해서는 대표적인 윤리서인 『니코마코스 윤리학』과『에우데모스 윤리학』, 『대도덕학』등 세 권의 저술이 있습니다.

아리스토텔레스는 인간의 영혼 중 동물적 부분에 대해 탐구했습니다. 더욱 상세히 살펴보면 이 영역은 기본적으로 욕구 그리고 분노, 공포, 환희, 연민, 혐오, 동경 등의 감정적 요소와 쾌락 및 고통과 관련된 여러 가지 요소를 포함합니다. 이 영역은 동물과 인간이 공유하는 부분으로서 그 자체로는 아직 선도 악도 아니며 덕도 악덕도 아니라고 할 수 있습니다. 하지만 이 영역을 그대로 드러낸다면 우리 인간은 동물과 같은 존재가 될 것이므로 인간이 되기 위해서, 인간다운 덕을 드러내기 위해 우리는 이 부분을 바로 중용이라는 덕을 사용해 조절하고 통제해야 합니다.

아리스토텔레스의 사상: **중용**

중용(mesotes)의 개념에 대해 일반적으로 '극단에 치우치지 않고 항상 중간을 택하는'이라고 생각할 수 있으나 이는 아리스토텔레스가 말하는 중용의 개념과 거리가 멉니다. 그는 중용의 덕에 다음과 같은 두 가지 특징이 있다고 전합니다.

첫째 인간의 모든 부분에 적용되는 것이 아니라 동물적 부분에만 적용되는 제한적인 것이며, 둘째 중용은 수학적 평균으로서의 중간점을 의미하는 것이 결코 아니라는 점입니다.

> "마땅한 때에, 마땅한 일에 대해서, 마땅한 사람들에 대해서, 마땅한 동기에 따라, 마땅하게 행위하는 것은 중간적인 최선의 일이며 이것이 덕의 특색이다."

아리스토텔레스는 이와 같은 말로, 중용의 개념을 '알맞음, 마땅함, 적절함' 등의 개념과 연결합니다. 그렇다면 이런 중용은 결코 산술적인 평균으로서의 중간을 의미하지 않습니다. 윤리적인 덕으로서의 중용은 동물적 부분을 조절하고 통제하는 우리의 태도가 지나침이나 모자람이 없이 적절하고 마땅한 방식을 유지함을 의미합니다. 즉, 중용의 덕은 상황에 따라 가장 알맞은 행위를 이끌어 내는 것입니다.

_____ 스승과는 다른 주장(하늘의 철학자 vs 땅의 철학자)

아리스토텔레스는 플라톤의 제자였지만 자못 다른 사상을 추구하였습니다. 플라톤은 참된 앎의 대상은 지성을 통한 세계라 생각하고 이데아를 추종하였지만, 아리스토텔레스는 세계는 오직 하나뿐이며 우리가 살고 있는 그리고 경험할 수 있는 세계가 철학의 대상이라고 보았습니다. 그래서 흔히 플라톤을 하늘의 철학자요, 아리스토텔레스를 땅의 철학자라고 합니다.

그림: 라파엘로의 〈아테네 학당〉(위키피디아)

아리스토텔레스는 플라톤과 달리 이상적 형식 이론을 거부하고 경험 세계에 관한 확고한 지식을 체계화하고자 합니다. 또 논리학, 물리학, 정치학, 경제학, 심리학, 형이상학, 천체학, 윤리학, 수사학 등 많은 분야의 기초를 세웁니다. 그가 세운 논리학의 체계는 2000년이 지난 지금도 거의 완벽하게 재현되고 있습니다. 아리스토텔레스의 학설에는 유명한 것이 많지만 그

우리만의 남다른 철학 레시피

중에 삼단논법(연역법의 한 형태)이 있어요.

1. 모든 인간은 죽는다.
2. 소크라테스는 인간이다.
3. 고로 소크라테스는 죽는다.

아리스토텔레스의 기초를 세운 삼단논법은 위와 같이 2개의 전제와 1개의 결론으로 형성됩니다. 이 삼단논법의 결론은 소크라테스와 죽음의 관계를 말하며 대전제는 인간과 죽음의 관계, 소전제는 소크라테스와 인간의 관계를 말합니다.

분노의 일기

_____ 한샘의 특별한 소스 레시피: 각종 대처법

분노의 감정이 자꾸만 떠오른다면? 이렇게 한번 해 보세요.

나름의 스트레스 해소법 – 분노의 일기

아무리 노력해도 되지 않고, 혹은 알 수 없는 이유로 내 마음이 힘들고 화가 치밀어 오를 때가 종종 있습니다. 이때 마음속에 갖은 화가 피어오르고 뭐든 부숴 버리고 싶은 마음도 생깁니다. 마음이 언짢고 화가 나서 분노가 치밀어 오르고 스트레스로 힘겨울 때가 있다면 이 방법을 권유합니다.

바로 '분노의 일기 쓰기'예요. 영화 〈분노의 질주〉나 〈매드맥스: 분노의 도로〉처럼 전속력으로 질주하는 자신의 모습을 상상해 보세요. 내가 지금 화가 엄청 났어요. 무조건 참을 수는 없어요. 또 이것을 마음대로 풀 수도 없어요. 그렇게 했다가는 뒷감당이 정말 힘들겠지요. 이럴 때는 현재 모든 상황을 생각하며 자신의 감정을 있는 그대로 고스란히 글로 적어 보는 것입니다. 이 방법은 자신을 이해하고 분노를 표출하여 감정을 승화하는 데 큰 도움이 될 수 있습니다.

욕을 해도 좋습니다. 막말을 해도 좋습니다. 자신의 화난 감정을 그대로 표현해도 좋습니다. 단, 공공장소에서 쓰는 건 안돼요. 유출이 되지 않게 유의하되 솔직하고 신랄하게 써 보고, 그것을 입으로 소리 내어 읽으며 제삼자의 관점에서 자신의 감정 상태를 확인해 보는 겁니다. 미국의 대통령 링컨도 분노가 치밀어 오를 때 혼자서 그 사람에게 보내는 신랄한 비판을 담은 글(편지)을 쓰고 그것을 스스로 읽고 홀가분한 마음을 느낀 후 보내지 않고 보관하거나 태워 버렸다고 해요.

여러분이 쓰는 이 일기도 링컨의 편지의 원리와 같아요. 우리가 막상 감정을 상대방에게 다 표출해 버리면 그 사람과의 관계 회복이 쉽지 않아요. 그리고 그 부정적 여파로 더 힘든 상황이 벌어질 수 있어요. 그렇다고 해서 자신의 감정을 억누른다면, 그것은 스트레스가 되고 본인을 더 힘들게 할 수밖에 없겠죠. 그래서 적절하게 다른 사람에게 직접적 피해를 주지 않는 방법을 찾아야 해요.

어렵겠지만 나 자신에게 화가 나든 다른 사람에게 화가 나든 원인이 무엇이든 나 자신을 소중히 여기세요. 자신의 감정을 파악하고 이를 적절히 해소하며 자신의 미래를 향해 차근차근히 한 발씩 내디뎌 보세요. 모두에게 인정을 받지 못하더라도 결코 주눅 드는 일은 없을 것입니다.

사랑의 욕구

_____ 사랑받고 싶고, 사랑하고자 하는 욕구

인간은 사랑받기를 원하고 또 사랑하려고 하는 욕구가 있어요. 아무리 조건이 대단한 사람일지라도 자기 자신을 진정 사랑할 수 없다면, 행복하기는 쉽지 않아요.

사랑의 의미는 여러 가지지만, 타인에 대한 사랑은 흔히 '좋아하는 사람이 자신을 위해 선택한 일이라면 그것이 자신의 마음에 들든 안 들든 허용될 것을 아는 능력과 의지'라고 해요. 그런데 사랑을 하려면, 먼저 자신을 사랑하고, 자기 사랑이라는 약을 많이 먹어야 해요. 행복을 얻고자 한다 해도 자신부터 사랑하는 법을 배워야 합니다. 상대방의 반응이나 대답이 무엇이든 나 자신의 가치와는 무관함을 깨달을 필요가 있어요. 나의 가치는 나 자신이 결정하는 것이거든요.

또 자신의 몸을 사랑해야 해요. 내 몸이 바로 나이기도 하니까요. 자아상의 출발점은 신체입니다. 우리의 몸과 마음은 그

우리만의 남다른 철학 레시피

무엇보다 긴밀하게 연결되어 있어요. 건강한 신체에서 건강한 마음이 나오고, 행복은 건강에 기반을 둡니다. 여기서 건강이란 반드시 운동선수 같은 몸을 말하는 것이 아니에요. 특별한 질병이 없고, 자신의 노력에 따라 변화할 수 있다면 건강한 거예요. 자기 수용은 자신의 여러 신체 조건을 수용한다는 의미이기도 해요.

자신에게 고쳐야 할 점이 있다고 해서 그것 때문에 자신을 쓸모없는 사람이라고 생각할 이유는 없습니다. 나만의 가치를 깨닫는 것이 중요해요. 나 자신을 사랑하기 위해서는 그동안 스스로에게 했던 많고 모진 자책들을 이제는 버려야 해요. 내가 지금껏 입버릇처럼 내뱉었던 말들 중, 부정적인 말을 반복하고 있지는 않은지 생각해 보고 이를 반복하지 않도록 조심해야 해요.

이 세상에서 가장 아름답고 소중한 사람과 사랑에 빠지기 위한 소소하지만 나를 위한 목표를 정해 보세요. 무엇보다 가장 소중한 사람은 바로, 나 자신이라는 것을 잊지 않아야 합니다.

나는 누구일까요?

나는 당신의 영원한 동반자입니다. 또한, 당신의 가장 훌륭한 조력자일 뿐 아니라 가장 무거운 짐이 되기도 합니다. 나는 당신을 성공으로 이끌기도 하고 실패의 나락으로 끌어내리기도 해요.

나는 전적으로 당신이 하는 대로 그저 따라갑니다. 그렇지만 당신 행동의 90%가 나에 의해 좌우됩니다. 나는 당신의 행동을 빠르고 정확하게 좌지우지해요. 나에겐 그것이 매우 쉬운 일입니다. 당신이 어떻게 행동하는지 몇 번 보고 나면 나는 자동으로 그 일을 해낼 수 있어요.

나는 위대한 사람들의 하인일 뿐 아니라 실패한 모든 이들의 주인이기도 합니다. 나는 인공지능 기계처럼 정밀하지만 그렇다고 해서 기계는 아닙니다. 나를 당신의 이익을 위해 이용할 수도 있고, 당신의 실패를 위해 사용할 수도 있습니다. 그것은 나와는 아무런 상관이 없습니다.

나를 착취하십시오. 나를 훈련시키십시오. 그리고 나를 확실하게 당신의 것으로 만든다면 나는 당신의 발 앞에 이 세상을 가져다줄 것입니다. 만일 당신이 날 가볍게 여긴다면, 난 당신을 파멸의 길로 이끌 것입니다.

그럼 이제 내가 누군지 아시겠습니까? 맞습니다. 나는 습관입니다.

_____ 습관의 힘

처음에는 우리가 우리의 습관을 만듭니다. 늘 가는 길, 늘 하는 말투, 자주 하는 일상에서 크고 작은 습관들이 만들어지지요. 그런데 이 습관의 힘은 너무나 강력합니다.

여러분! 습관의 주인이 되세요. 자신의 삶에 주인이 되어 보세요.

내 생각과 내 행동의 참주인은 바로 나 자신입니다.

하루하루 내려앉아
나를 가두게 된 껍질! 습관

세상에는 참으로 많은 습관이 있습니다. 다리 꼬는 습관, 인상 쓰는 습관, 물어뜯는 습관, 술 먹으면 우는 습관, 사람들이 모인 곳에 가면 다른 사람 흉보는 습관 등이요.

하지만 사람을 올바르게 변화시키는 습관도 있어요. 몸을 부지런히 움직이며 운동하는 습관, 넉넉한 마음을 가지려고 노력하는 습관, 친절한 말을 하는 습관, 책을 읽는 습관, 웃는 습관, 최선을 다해 끝까지 해 보려는 습관, 남 탓하지 않고 자기 반성을 통해 더 발전하려는 마음가짐을 갖는 습관 등이요.

처음에 우리는 습관을 만들지만, 정말인지 나중에는 습관이 우리를 만들어요. 삶을 변화시키는 주체 중 하나가 바로 '대단 그 자체'인 습관입니다.

> "자기 습관의 주인이 돼라. 습관이 우리의 주인이 되도록 해서는 안 된다."
>
> – 톨스토이

> "습관이란 인간으로 하여금 어떤 일이든지 하게 만든다."
>
> – 도스토옙스키

우리만의 남다른 철학 레시피

"직접 만들어 보아요."

1. 자신의 습관 중 대표적인 습관을 5가지 써 보세요.

2. 이 중 고치고 싶은 습관은 무엇이고, 이유는 뭔가요?

3. 이 중 꽤 괜찮은 습관, 키워 보고 싶은 습관은 무엇인가요?

4. 좋은 습관을 기르기 위해 여러분은 어떻게 할 수 있나요?

1-3

미래에 대한
걱정과 불안 해소법

"걱정이 당신을
쓰러뜨리기 전에!"

"평균의 법칙을 사용해서 쓸데없는 걱정을 물리쳐라."

– 데일 카네기

다음은 데일 카네기의 『자기 관리론』 중 미국 메사추세츠주 웬체스터 웨지미어 애비뉴 52번지에 사는 얼 P. 헤이니의 이야기 중 일부입니다.

그동안 어찌나 노심초사했던지 내 몸은 궤양이 위벽을 갉아

먹을 지경이 되었고, 체중은 80kg에서 40kg으로 반이나 감소했습니다. 병세가 너무 심해서 팔 한쪽도 들어 올리지 말고 꼼짝 말라는 의사의 지시를 받았고, 저명한 궤양 전문의를 포함한 의사 세 명은 제 병은 치료 불가능하다는 진단을 내렸습니다.

저는 매시간 알칼리성 분말과 우유와 크림을 반반씩 섞어 만든 것을 한 숟가락씩 먹으며 삶을 이어 갔습니다. 또 매일 아침저녁으로 몸에 고무 튜브를 넣어 내용물을 끄집어내야 했습니다. 이렇게 수개월이 흐르자 저는 스스로에게 이렇게 살지 말고, 남은 날이라도 살아 보고자 하는 마음이 들었고 죽기 전에 세계 여행을 갈 것을 결심합니다.

의사들은 제가 만약 이 몸으로 여행을 강행한다면 이역만리에서 죽어 수장될 것을 경고하며 만류하였습니다. 하지만 저는 제가 죽으면 들어갈 관을 하나 사서 배에 싣고는 여객회사에 만일 제가 죽으면 저를 관에 넣어 고향으로 돌아올 때까지 냉동 보관해 달라고 요청했습니다.

그렇게 저는 로스앤젤레스에서 아시아로 가는 배에 몸을 실었습니다. 여행을 하며 저는 여태껏 살아온 그 어떤 때보다도 더 즐거움을 만끽하고 있었습니다. 배가 몬순과 태풍 속으로 들어가기도 했는데, 전 같으면 그 두려움만으로 죽을 노릇이었겠지만 그런 상황에서 저는 오히려 짜릿한 즐거움을 느끼고 있었습니다. 저는 배 안에서 게임을 하고 노래를

우리만의 남다른 철학 레시피

부르며 친구를 사귀었습니다.

중국과 인도에 갔을 때 저는 전에 고국에서 고민하던 사업상의 문제들이 그곳의 가난과 굶주림에 비하면 천국이었음을 깨달았습니다. 저의 어리석은 고민들이 모두 사라지면서 마음이 편해졌고, 미국으로 돌아왔을 때 제 몸무게는 40 kg이나 불어 있었습니다. 제가 그동안 병을 앓아 왔다는 사실을 거의 잊어버릴 정도였습니다. 지금처럼 기분이 좋은 적은 한 번도 없었습니다.

저는 곧 관을 장의사에게 도로 팔고 저의 일상으로 복귀했습니다. 그 이후 아파 본 적이 없습니다.

* 걱정이 여러분을 쓰러뜨리기 전에 걱정하는 습관을 없애는 방법

1. 바쁘게 움직여라. 그러면 마음속에서 걱정을 몰아낼 수 있다. '생각의 병'을 고치는 가장 좋은 방법은 활동을 많이 하는 것이다.

2. 사소한 일에 과잉 반응하지 마라. 손톱만 한 가치도 없는 하찮은 일로 스스로의 행복을 망치지 말라.

3. 평균의 법칙을 사용해서 쓸데없는 걱정을 물리쳐라. 스스로에게 이렇게 물어보라. '평균의 법칙으로 보았을 때 내가 걱

정하고 있는 일이 실제로 일어날 가능성은 얼마나 되는가?'

4. 피할 수 없는 것과는 협력하라. 여러분이 변화시키거나 개선할 수 없는 상황이라는 판단이 서면 스스로에게 이렇게 이야기하라. '이게 현실이다. 달라지지 않는다.'

5. 걱정에 '손절매' 주문을 해라. 한 가지 일에 어느 정도 걱정을 해야 하는지 결정하고 그 이상 걱정하지 말라.

우리만의 남다른 철학 레시피

메인 레시피 2

"걱정 따윈
던져 버려!!!"

"상호불여신호 신호불여심호(相好不如身好 身好不如心好). 얼굴 좋은 것은 몸이 좋은 것만 못하고, 몸 좋은 것은 마음 좋은 것만 못하다."

– 마의선인, 『마의상서』

김구(1876-1949) 선생님에 관해 이야기해 보겠습니다. 대한민국 임시정부의 수장이자, 일본 강점기 조선의 독립을 위해 애쓴 김구 선생님은 저서 『백범일지』로도 잘 알려져 있어요. 대개

자서전은 자신의 행적을 부풀리거나 멋진 모습을 나열하는 것이 많았는데, 『백범일지』는 김구 선생이 스스로 자신의 치부를 드러내며 진솔하게 쓴 자서전으로도 유명합니다.

어릴 적 김구 선생은 세상을 개혁하고자 과거시험을 준비하였어요. 그러나 조선 말 과거시험은 온갖 부정과 비리가 판치는 난장판이었습니다. 이런 과거시험에서 큰 회의감을 느낀 선생은 아버지의 권유로 풍수와 관상을 공부하며 책 『마의상서』를 읽게 됩니다. 몇 달을 틀어박혀 공부해 보니 자신은 가장 나쁜 관상을 가진 얼굴이라는 것을 알게 돼요. 귀상이라고는 찾아볼 수 없고 천상만 가득했으며 박복하고 추한 관상이었어요.

그렇지 않아도 오랜 기간 준비한 과거시험이 헛수고로 돌아간 데다 열심히 공부한 관상에서 자신의 박복하고 천한 모습을 발견한 김구 선생님은 망연자실해요. 하지만 『마의상서』의 마지막 구절을 읽고 거기서 희망을 찾게 됩니다.

절망에 빠진 나에게 오직 한 가지 희망을 주는 것은 『마의상서』 중에 있는 다음 구절이었다.

"상호불여신호 신호불여심호(相好不如身好 身好不如心好). 얼굴 좋은 것은 몸이 좋은 것만 못하고, 몸 좋은 것은 마음 좋은 것만 못하다."

우리만의 남다른 철학 레시피

이것을 보고 나는 마음 좋은 사람이 되기로 굳게 결심하였다.

비록 외모를 바꿀 수는 없지만 굳은 마음과 자기 수양을 통해 변화할 수 있는 가장 강력한 마음의 힘을 믿었던 것이죠. 그리고 김구 선생님은 그 힘을 바탕으로 조국의 독립을 위해 몸과 마음을 바칩니다.

사주는 불여수상이며, 수상은 불여관상이고, 관상은 불여심상이라는 말이 있어요. 사주가 아무리 좋다고 하여도 수상만 못하며, 수상이 아무리 좋다 하여도 관상만 못하며, 관상이 아무리 좋다 하여도 심상만 못하다는 뜻입니다. 즉, 심상이 최고라는 말이지요.

사실 마음은 모든 것의 근본입니다. 어떤 마음을 지니고 있느냐에 따라 사람은 달라진대요. 사주는 타고나며, 관상은 살아가며 만들어 가는 것이라고 해도 자기 의지와 상관없이 이미 주어진 경우가 많죠. 하지만 심상은 철저히 자신의 몫이니까요. 마음이 최고!

그런데 유의할 점이 있어요. 이 내용만 보면 심상이 최고라고 여기겠지만 실은 심상보다 더 높은 것이 있어요. 바로 행동입니다. 행동은 모든 것을 넘어섭니다. 결국, 실천이 마지막 목표지요. 사람은 늘 행동하면서 살아가요. 무언가를 실천하고 그 실천이 하나하나 쌓여 습관이 되고, 그 습관은 자신의 운명을 만들지요.

습관의 힘은 우리가 생각하는 것보다 아주 크고 대단해서 우리를 위대한 사람으로 만들기도 하고, 처참한 나락으로 떨어뜨리기도 해요. 위대한 민족의 독립 운동가, 김구 선생님도 자신과 조국의 어려운 환경을 극복하고 마음을 고쳐먹고 행동으로 옮겨 평생 동안 그 마음을 삶 속에서 실천합니다.

우리도 운명을 바꿔 나갈 수 있습니다.

메인 레시피 3

"뭐? 내일 지구의 종말이 와도
사과나무를 심겠다고?"

"있는 가장 고결한 행동은 이해하기 위한 배움이다. 이해하
면 자유로워지기 때문이다."

– 스피노자

오늘날 세계를 휘어잡고 있는 이들 중에는 유대인이 있어요.
유대인 인구는 약 1,500만 명 정도로 세계 인구의 0.2% 선에
불과하지만, 역대 노벨상 수상자의 22%가 유대인이며, 노벨
경제학상의 경우 41%가 유대인이에요. 유대인은 노벨상뿐 아

니라 미국의 정치, 경제, 법률 등 여러 중심에서 엄청난 영향력을 행사하고 있어요. 우리가 흔히 알고 있는 패션 상표와 아이스크림, 초콜릿 등 수많은 기업이 유대인의 소유입니다.

과거 이런 유대계 사회에 어릴 적부터 촉망받는 소년이 있었으니 바로 '스피노자'예요. 스피노자는 유대계 사회에서 비상한 머리와 재능으로 주목받았고 샛별처럼 자랐어요. 하지만 유대교 사회에서 철저히 배척당하고 생계를 위해 골방에서 렌즈 깎는 일을 생계로 유지하다 그만 폐병으로 사망하고 말아요.

이번 장에서는 누구보다 고독하고 어려운 삶을 살아가지만, '내일 지구의 종말이 오더라도 오늘 한 그루의 사과나무를 심겠다.'라는 슈퍼 긍정맨 스피노자에 대해 살펴보겠습니다.

스피노자! 그는 어릴 때부터 비상한 능력을 발휘하여 유대교 사회에서 떠오르는 존재였어요. 하지만 성장하면서 점차 반유대교적인 사상을 드러냈고, 유대교 사회로부터 철저하게 추방당한 후 암스테르담으로부터 헤이그로 옮겨 와서 죽을 때까지 철저히 혼자 지냅니다. 그는 1660년경 저술 활동을 시작했으나 출판하지 않다가 1670년 책을 발표하여 명성을 얻기도 했고 하이델베르크 대학의 교수로 초빙되기도 해요. 하지만 이를 거절하고 계속 연구와 저술에 전념했어요.

그가 사망한 바로 그해 친구들이 익명으로 몇 권의 저서와 서한들을 출판했는데, 이것이 바로 스피노자의 대표 저서 『에티카(Ethica)』입니다. 하지만 이 책은 곧 금서가 되었고 그 후 125년간 계속 출판 및 판매가 금지되었어요. 그는 평생 독신으로 고독하게 생활하였어요. 하지만 친구들과 사귐을 좋아했고 낙천적이었다고 해요.

How? 스피노자는 어떻게 박해받았나?

24살에 파문을 당하고 유대교 사회에서 영원히 추방되었어요. 1656년 스피노자가 유대교회의 종교의식에 따라 파문되었을 때, 파문 문서를 살펴볼게요.

"너는 낮에도 저주받고, 밤에도 저주받을 것이다. 잠잘 때도 저주받고, 일어날 때도 저주받을 것이다. 주님께서는 너를 용서하지 않을 것이고, 인정도 하지 않을 것이다. 항상 너의 죄에 노여워하실 것이다. 율법서에 기록된 모든 저주가 너를 덮쳐 너의 이름을 이 세상에서 지워 버릴 것이다. 지금부터 스피노자와는 그 누구도 가까이 다가서서도, 말을 섞어서도 안 될 것이며……. 함께 저주받을 것이다."

이렇게 그는 그 누구와도 함께할 수 없었고, 평생 죽을 때까지 혼자서 지내야 했어요.

그는 실체를 '스스로 존재하며, 존재하기 위해서 다른 어떤 것에도 의존하지 않는 것', 바꾸어 말하면 자기 원인이라고 정의하면서 이러한 실체는 독립적이고 자유로운 존재이며 어떤 제약도 받지 않는 무한한 전체라고 주장했어요.

그런데 자기 원인이며 무한하고 완전한 존재로서의 실체는 곧 '신'밖에 없으므로 실체는 곧 신과의 동의어이며 오직 신만이 실체로 불릴 자격이 있다고 주장한 것이 되었고, 바로 이것이 스피노자가 파문당한 직접적 이유가 됩니다. 쉽게 말하면, 유대교의 신을 부정하고 유대교의 교리를 비판했다는 이유입니다.

스피노자가 생각한 신의 관념은 인격신이나 창조주로서의 신, 즉 종교적 대상으로서의 신이 아니라는 점은 분명해요. 그는 유일 실체로서의 신과 자연을 동일시하는 범신론(Pantheism)을 주장하였어요. 그런데 이렇게 되면 신의 모독, 격하가 이루어지고 유대교·기독교적인 전통에서 주장하는 초월적 인격신의 개념이 부정되므로 기독교에서는 이에 철저히 반대하는 입장을 보이고 그는 엄청난 박해 속에서 살아갑니다.

스피노자는 격정으로부터 해방되고 가능한 최상의 평온 상태를 누리는 것이 바로 인간이 누릴 수 있는 진정한 자유라고 보았어요. 모든 것을 영원의 모습으로 지각하여 자신의 행·불행을 개별적인 우연이 아닌 필연적 구조로서 파악하여 그 안에서 신의 영원한 질서를 관조할 수 있다면, 가장 이상적인 현자의 관조에 도달하게 된다고 보았지요.

이렇게 하는 것이 무척 힘들기는 하지만 가능한 일이므로 이에 도달하기 위해 스피노자는 늘 노력하는 자세가 필요하다고 주장하였고, 책 『에티카』의 제일 마지막 구절인 '무릇 고귀한 것은 드물고도 어렵다'라는 말로 이 내용을 표현해요. 스피노자가 제시하는 에티카의 목표는 정념의 노예 상태에서 벗어나 자기 결정을 하는 '자유로운 인간'이 되는 것입니다.

스피노자(Baruch de Spinoza, 1632~1677)

스피노자에 대한
깊이 있는 이론을 원한다면?

스피노자가
더 궁금하다면?!

_____ 스피노자의 생애

스피노자는 유대교에 대한 박해를 피해 포르투갈로부터 네덜란드로 이주한 유대인 가문 출신으로, 암스테르담에서 태어났습니다. 부유한 유대인 상인이었던 그의 아버지는 어릴 때부터 무척 총명했던 스피노자를 유대교의 종교지도자로 성장시키고자 했다고 합니다.

하지만 스피노자는 유대교의 기본 교리나 스콜라 철학을 배우면서 이에 대한 회의를 품기 시작했고, 결국 유대교의 교리들을 완전히 부정하게 되어 24세에는 유대인 사회에서 파문 및 추방당하기에 이릅니다.

그 후 그는 안경알을 깎는 기술로 생계를 유지하면서 철학 연구에 몰두해 몇 편의 소논문들을 발표하고 저술을 구상했다고 하는데요. 이런 논문들을 통해서 점차 이름을 얻게 된 스피노자는 라이프니츠 등 다른 학자와도 교분을 쌓았다고 합니다. 이후 1673년 스피노자는 하이델베르크 대학에서 교수로 초빙되었으나 학문적 자유를 방해받을지도 모른다는 생각에서 이를 거절했습니다. 그 후 헤이그로 거처를 옮겼던 스피노자는 그곳에서 1677년 폐 질환으로 생을 마감했습니다.

그의 생애는 박해와 좌절의 연속이며 육체적 건강도 누리지 못했지만, 그는 고독한 생활 속에서도 상당히 낙관적인 태도를 보였다고 전해집니다. 그는 친구들과의 우정을 즐겼으며 죽음을 앞두고서도 '내일 세계의 종말이 올지라도 오늘 나는 한 그루의 사과나무를 심겠다'라고 말할 정도의 여유를 보였던 위대한 철학자입니다.

스피노자는 생전에 저술들을 거의 출판하지 않았으며 대부분의 저술은 그의 사후에 친구들에 의해서 출판되었습니다. 그가 남긴 저술로는 『지성 개선론』, 『신학 정치론』 등이 있으나 그의 가장 대표적인 저술은 바로 『에티카』라고 할 수 있습니다.

_____ 스피노자의 사상: 격정의 굴레로부터의 해방

스피노자에 따르면 인간이 자유를 얻기 위해서는 '격정의 굴레' 또는 '격정 때문에 생겨난 노예 상태'로부터 벗어나야만 한다고 합니다. 우리가 외부의 상황에 대해 명석한 인식을 소유하게 되면, 그것이 어떤 정서나 격정을 일으키는 과정 또한 분명히 인식할 수 있게 되어 혼란한 관념이나 무지로부터 생겨나는 격정을 막을 수 있게 된다고 합니다.

스피노자는 격정에서 벗어나는 가장 기본적인 방법은 올바른 인식에 도달하는 것이라고 설명합니다. 그는 인간의 정신이 그 근원을 명석하게 인식하게 되면 정서의 지배를 덜 받게 된다고 생각합니다. 만일 우리가 정신의 격정 또는 정서를 일으킨 외부의 원인을 명석하게 인식한다면 외부의 원인에 대한 사랑이나 미움, 그리고 그 때문에 일어나는 정서의 동요는 사라질 것이라는 것입니다.

예를 들어 한밤중에 어떤 물체를 보고 심한 공포를 느끼다가 그 물체가 사실 평범한 물건이었다는 것을 알게 되고 공포가 사라지는 경우, 어떤 사람이 태만함 때문에 중요한 약속을 어겼다고 생각해 분노하고 그 사람을 미워하다가 약속을 어긴 원인이 피할 수 없는 사고 때문이었음을 깨닫고 증오가 사라지는 경우가 이에 속합니다.

그러나 스피노자는 격정의 굴레로부터 해방될 수 있는 더욱

우리만의 남다른 철학 레시피

궁극적인 해결책은 우리의 주변에서 발생하는 모든 일이 나에게만 일어나는 우연적인 사건이 아니라 모든 것이 세계를 포괄하는 신의 질서에 따라 필연적으로 일어나는 일임을 깨닫는 것이라고 말합니다. 이는 직관지의 상태에 도달하는 것을 의미하는데, 더 나아가 구체적인 개체 속에서 신의 필연성을 인식하는 것을 의미합니다. 스피노자는 우리가 행하는 모든 일들이 신의 영원한 본질로부터 필연적으로 일어난다는 사실을 잊어서는 안 된다고 주장합니다.

스피노자가 말하는 신에 대한 지적 사랑은 우리로 하여금 우리 주변의 모든 것을 지배하는 자연의 법칙을 있는 그대로 받아들이는 것이며, 우리의 욕구가 그 범위를 넘어서지 않도록 제한하도록 만듭니다. 예를 들어, 신에 대한 지적 사랑의 수준에 도달한 사람은 결코 행운이나 불운으로 여겨지는 것 때문에 정서의 동요를 일으키지 않습니다. 왜냐하면 그는 주변의 모든 일이 단지 자신에게만 일어나는 우연적인 것이 아니라, 신의 자기 전개에 따라 필연적으로 결정된 것임을 알게 되기 때문입니다. 그렇다면 그는 극단적인 격정으로부터 벗어나 모든 것을 영원한 질서의 전개로 파악하게 되고, 상황을 관조하며 마음의 평안을 얻게 될 것입니다.

잡념을 없애고 집중하는 방법

_____ 한샘의 특별한 소스 레시피 : 각종 대처법

걱정과 불안에서 벗어나고 싶을 때, 마음을 다잡고 집중하고 싶을 때 이렇게 한번 해 보세요.

평소 사용할 수 있는 호흡과 명상법

앞에서 살펴본 주역의 내용(상호불여신호 신호불여심호)만이 아니더라도 우리가 미래에 대한 걱정과 불안에서 벗어나기는 쉽지 않습니다. 평소 상당한 훈련과 연습이 필요해요. 마음을 다잡고 집중하고 싶은데, 유혹도 많고 잡념도 많죠? 그래서 이번 장에서는 잡념을 없애고 집중하는 데 도움이 되는 호흡과 명상법에 대해 살펴보겠습니다.

1. 자신의 호흡에 집중하기

먼저 자신의 호흡에 집중합니다. 늘 하는 호흡이지만, 나의 숨에 의식을 집중합니다. 들이마시고 내쉼을 통해 자신에게 집중하며 호흡을 의식합니다.

사실 호흡으로 우리의 생과 사가 결정되죠. 잠시만 숨을 못 쉬어도 저세상으로 가는 것이 인간입니다. 이렇듯 호흡은 중요합니다. 이런 호흡에 자신의 의식을 집중하는 것이 첫째입니다.

2. 스트레스에서 살짝 멀어지기

즉, 자기 일을 남처럼 다루기입니다. 내 일이지만 제삼자의 시선으로 자신의 상황과 일을 살펴보는 것입니다.

세계적인 소프라노 조수미는 자기 관리법 중 하나로 '~한다고 셈 치기'를 꼽습니다. 자신의 마음을 살짝 바꿔 보는 것입니다. 이는 긍정적 사고의 한 방법으로 이미 벌어진 상황이나 일을 최대한 자신을 유리하게 생각해 보는 관점, 즉 '보는 눈 바꾸기' 방법입니다. 관점을 살짝만 바꿔도 세상은 달리 보이는 법이니까요.

3. 쉽게 달성할 수 있는 루틴을 세워 움직이기

우리의 몸과 마음은 긴밀하게 연결되어 있습니다. 그래서 몸을 바쁘게 움직이고 루틴(계획)대로 움직이는 것이 좋습니다. 루틴은 잡념을 없애고, 중요한 목표에 집중할 수 있는 좋은 방법입니다.

하지만 루틴을 세울 때는 사소한 것, 즉 자신이 쉽게 달성할 수 있는 것부터 작성해 보기를 추천합니다. 예를 들면 아침에 일어나서 줄넘기 30개 하기(그리고 50개, 100개, 200개로 서서히 늘려 갈 수 있습니다), 아침 독서 10분 하기(15분, 20분 정도로 늘려 볼 수 있어요), 하루 3줄 일기 쓰기(이 역시 5줄, 10줄로 서서히 늘려 볼 수 있습니다) 등과 같이 말이죠.

간단하지만 성취감을 느낄 수 있는 것들을 먼저 실천하면서 자신감을 늘려 나가고, 조금씩 그 양을 늘려 보세요! 분명 효과를 볼 수 있습니다.

새옹지마?!

'인생사 새옹지마'라는 말이 있습니다. 이는 그냥 나온 말이

우리만의 남다른 철학 레시피

아니죠. 새옹지마(塞翁之馬)[*]에 관한 이야기를 살펴보겠습니다.

   옛날 중국 만리장성의 변방에 한 노인이 살았어요. 이 노인은 '새옹'이라고 불렸어요.

   어느 날, 새옹의 말이 오랑캐 땅으로 달아나 버렸어요. 이에 마을 사람들이 이 소식을 듣고 좋은 말을 잃었다며 노인에게 말했습니다. 그러나 노인은 말했어요.

   "이 일이 좋은 일이 될지 누가 알겠소?"

   얼마 후, 노인의 말이 다시 돌아왔는데 혼자 온 것도 아니고 뛰어난 말을 더 데리고 돌아왔죠. 이에 사람들은 노인에게 축하의 말을 건넸습니다. 하지만 노인은 또 말했습니다.

   "이 일이 화가 될지 누가 알겠소?"

   며칠 후, 노인의 아들이 그 말을 타다가 떨어져서 다리를 심하게 다쳤습니다. 사람들이 이를 또 안타까워하자 노인은 말했어요.

   "이 일이 좋은 일이 될지 어떻게 알겠소?"

   몇 년 뒤, 이 마을에 오랑캐가 쳐들어왔고 마을에 남아 있던 청년들은 거의 죽고 말았어요. 하지만 노인의 아들만은 살아남았습니다. 말에서 떨어진 후 절름발이가 되는 바람에 싸움에 나갈 수 없었기 때문이죠.

* 새옹지마: 좋은 일이 있으면, 나쁜 일이 오고, 나쁜 일 후에는 좋은 일이 올 것이다.

삶의 태도

Q : 나는 나 자신과 어떻게 지내고 있나요?
A : 있는 그대로의 나를 인정하고 받아들이기!

주변 상황도 마찬가지예요. 내려놓아야 할 것은 내려놓고, 버려야 할 것은 미련 없이 버려야 합니다. 먼저 내 삶에 정말 필요한 것과 쓸모없는 것을 구분해야 해요. 물론 이는 쉽지 않습니다. 또 태생적으로 많이 민감하거나 비관주의자인 경우도 있어요.

하지만 나 자신을 끝까지 지켜 줄 사람은 나 자신입니다. 나를 먼저 바로 보세요. 불필요한 상처로부터 자신을 보호하고, 상대에게도 불필요한 상처를 주지 말아야 합니다.

행복한 사람들, 성공적인 삶을 살아가는 사람들의 공통적인 특징이 있어요. 바로 단순하게 생각하는 것입니다. 과거나 미래에 얽매이기보다는 단순하게 현재만 봅니다. 그래서 잘 자고 잘 먹고 마음이 편안합니다. 본인이 감당할 수 있는 현재에 집중하고 그 현재를 성실하게 이어 나가 미래로 이어 갑니다. 맘에 들든 들지 않든 있는 그대로를 인정하고, 의연(毅然)한 태도를 보이는 것입니다.

내 감정을 느끼는 그대로 날것으로 표현하거나, 즉각적인 반응을 보이는 것은 피하는 것이 좋아요. 사람들은 흔히 꼬리표를 붙이고 싶어 해요. 다른 사람이 억지로 붙여 준 꼬리표에 따라 우리는 힘들어하기도 하고, 스스로 붙인 꼬리표에 자신을 한정 짓거나 괴롭히기도 하죠. 과거에 대한 '자책감', 미래에 대한 '걱정'은 현재를 허비하고 감정을 소비하는 자책감이 돼요.

자책감이란 이미 일어난 일 때문에 현재 옴짝달싹 못 하는 감정을 말해요. 이는 현재 나 자신에게, 그리고 미래의 나에게도 도움이 되지 않아요. 아무리 자책해 봤자 과거는 바꿀 수 없기 때문이죠. 자책감에서 나 자신을 내려놓아 주세요. 스스로를 토닥여 보고 자신을 위로해야 합니다. 그러면 분명 조금씩 좋아집니다.

"행운은 매달 찾아온다. 그러나 그것을 맞이할 준비가 되어 있지 않으면 거의 다 놓친다."

– 데일 카네기

"자네가 무언가를 간절히 원할 때 우주는 자네의 소망이 실현되도록 도와준다네."

– 파울로 코엘료, 『연금술사』

"가장 어두운 시간은 바로 해뜨기 직전이다."

– 파울로 코엘료

파울로 코엘료는 누구?

1947년 브라질 출신의 작가로 대표 저서에는 『연금술사』, 『순례자』, 『내가 빛나는 순간』, 『마법의 순간』, 『베로니카 죽기로 결심하다』, 『11분』 등이 있다. 많은 비평에도 불구하고 세계적인 베스트셀러 작가 중 최고의 작가로 불리며 그의 저서는 66개의 언어로 번역되어 150개국에서 1억 권 넘게 팔렸다.

카르페 디엠(Carpe diem)

_____ 있는 그대로 받아들여 봐!

'현재에 충실하라'라는 뜻의 라틴어 'Carpe diem'에서 비롯된 말로, 영어의 'Seize the day(현재를 잡아라)'와 같은 의미입니다.

모든 순간이 즐거울 수는 없어요. 모든 날이 행복한 날이라면 좋겠지만, 그럴 수는 없어요. 만족을 얻기 위한 가장 크고 확실한 방법은 '있는 그대로 받아들이는 것'이라고 해요.

두려움은 마냥 피하고 싶은 존재일 수 있지만, 때론 그 두려움과 마주해 보세요. 어쩌면 그것은 생각보다 더 작고 나약한 대상일 수도 있어요. 아니더라도 가까이 보고 하나씩 살펴보면 해결점을 찾을 수 있는 실마리가 보일 수 있어요.

겉으로 보이는 모습이 사람마다 다를 뿐 그 누구도 두려움을

우리만의 남다른 철학 레시피

피할 수는 없어요. 이러한 사실을 받아들이고 때론 두려움과 직접 마주해 보세요. 그것은 분명 문제 해결의 시작점이 될 테니까요.

정신분석학은 과학, 사주팔자는 미신?

_____ 동양의 책『주역』

인간은 미래를 궁금해합니다. 내일 무슨 일이 일어날지, 내가 앞으로 어떤 삶을 살게 될지 많은 사람들은 궁금해하지요. 그래서 동서양을 막론하고 점성술이 더 발전한 것인지도 모르겠습니다. 그런데 많은 사람이 '사주팔자'는 미신이라며 웃어넘기지만, TV 프로그램에 출연한 정신분석학 교수님의 의견에는 '그럴듯해.'라는 표정으로 고개를 끄덕이기도 해요. 여러분의 생각은 어떤가요? 지금 제가 들려줄 이야기를 곰곰이 생각해 보면 생각이 달라질 수도 있습니다.

동양의 책『주역』은 동양의 대표 사상가이자, 세계 4대 성인인 공자가 가장 좋아하는 책으로도 널리 알려져 있습니다. 공자가 이 책을 어찌나 좋아했던지 주역을 묶은 가죽끈이 세 번이나 끊어졌다는 위편삼절(韋編三絶)이라는 고사성어도 전해 내려

올 정도지요. 그런데 이 『주역』이라는 책은 다름이 아니라 우리
가 흔히 알고 있는 '사주팔자(명리학)'의 기반이 되는 책이라고
할 수 있어요. 여기서 신기한 점은 서양의 여러 사상가, 특히
칼 융과 같은 위대한 정신분석학 사상에 큰 영향을 준 책이 바
로 『주역』이라는 점이에요.

어떤가요? 정신분석학은 과학이고, 사주팔자는 다 미신일
까요?

우리만의 남다른 철학 레시피

남들보다 꼭 더 잘해야 해?

"남들보다 더 잘하려고 고민하지 마라. 지금의 나보다 잘하
려고 애쓰는 게 훨씬 더 중요하다."

– 윌리엄 포크너

　인생을 살아가다 보면 종종 힘든 상황을 마주할 수 있습니
다. 가까운 가족이나 친구와 갈등을 빚을 수도 있고, 스스로 만
든 한계선으로 고통받기도 합니다. 공부건, 일이건 무언가를
하다 보면 부딪히고 싶지 않아도 부딪힐 수밖에 없는 상황이 발
생합니다. 어쩌면 이러한 마찰은 우리가 삶을 살아가는 하나의
방식이며, 삶에서 치러야 할 불가피한 일이기도 해요. 그 누구
도 다른 사람의 반대를 피할 수는 없습니다.

　또 현대사회에서 타인과의 경쟁은 심화되고, 타인을 의식하
거나 타인과 자신을 비교하는 일을 멈추는 것은 쉽지 않아요.
하지만 윌리엄 포크너의 말처럼 '지금의 나'보다 나아지는 것,

현재의 나보다 한 단계 발전하는 것에 초점을 두고 최소한의 경쟁을 해야 해요. 그래야 내 마음도 편해지고, 나의 숨겨진 힘을 잘 발휘할 수 있어요. 우리는 인간(人間)이고 사회적 존재이며 다른 사람들과 함께 살아가기에 타인의 말을 귀 기울여 듣는 것도 중요합니다.

하지만 이 안에 반드시 필요한 것이 있어요. 바로 주체성입니다. 중국의 4대 미인이라 불리는 서시(西施) 이야기를 아시나요? 주체성과 관련된 서시 이야기는 동시효빈(東施效嚬)이라는 고사성어 일화를 통해 살펴볼 수 있습니다. 고사성어의 내용은 다음과 같아요.

서시는 마을 서쪽에 사는 서씨 여인이라 서시라고 불렸다고 해요. 그 마을 동쪽에도 같은 성을 가진 여인이 살고 있었는데 몹시 못생긴 외모를 가지고 있었어요. 한마을에 살았지만 한 명은 미인의 대표였고, 다른 한 명은 추녀의 대표였던 거죠. 동시는 인기 많은 서시에게 관심이 많았고 늘 서시의 표정과 행동을 따라 했어요.

평소 가슴 통증을 자주 느낀 서시가 어느 날 길을 가다 큰 통증을 느끼며 가슴을 잡고 이마를 몹시 찌푸렸대요. 마침 그 모습을 본 동시는 서시의 찡그린 얼굴을 계속 따라 했어요. 그렇지 않아도 추녀인 동시가 인상까지 쓰고 해괴한 행동을 하자 사람들은 동시를 더 멀리했대요.

이렇게 동시효빈*은 '다른 사람의 행동을 무작정 따라 하는

우리만의 남다른 철학 레시피

맹목적인 모습을 비꼬는 말'을 뜻해요.

요즘은 유행에 따라 많은 것이 바뀌어요. 유행을 따라가는 것도 좋지만, 맹목적으로 유행을 따라가기보다는 자신의 취향과 개성에 맞게 꾸미는 것이 더 좋은 모습이 되지 않을까요?

* 동시효빈: 동시가 서시의 눈썹 찌푸림을 본받는다. 시비선악의 판단 없이 굳이 남의 흉내를 냄을 비유하는 말.

"직접 만들어 보아요."

1. 나의 외면(외모 등 겉으로 보이는 모습)의 특징은 무엇인가요?

2. 나의 내면(성격 등 내 안의 모습)의 특징은 무엇인가요?

3. 나를 색깔로 표현한다면?

4. 나의 멋진 점(잘하는 점)을 적어 보세요.

5. 나만의 개성이라고 생각하는 부분을 생각해 보고 적어 보세요.

6. 내가 되고 싶은 사람은 어떤 사람인가요?

네 마음을 적어 봐!

1-4

배움의
중요성과 유용성

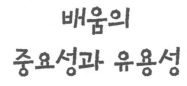

"아는 것이 힘이여!"

"지식은 그 자체로 힘이다."

- 프랜시스 베이컨

"책을 읽는 데 시간을 보내라. 다른 사람이 고생한 것을 통해 쉽게 자기를 개선할 수 있다."

- 소크라테스

"왜 바깥에서 일어나는 일들에 이리저리 끌려다니는가? 그 럴 시간에 너 자신을 위하여 선한 것을 더 배우고 우왕좌왕 하기를 그만두어라."

- 마르쿠스 아우렐리우스

"학부가이이 청취지어람 이청어람 빙수위지 이한어수(學不可以已 鹽取之於藍 而靑於藍 氷水爲之 而寒於水). 학문은 멈추지 말아야 한다. 푸른빛은 쪽빛에서 나오지만, 쪽빛보다 푸르다. 얼음은 물이 얼어서 만들어진 것이지만 물보다 차다."

– 순자, 『권학편』

성공한 사람들은 대부분 해박한 지식과 독창적인 견해, 그리고 자신만의 태도를 지니고 있어요. 이는 배움을 통해 얻은 경우가 많아요. 그런 면에서 학문은 성공으로 가는 지름길이라고 말할 수 있어요. 세상은 빠르게 변화하지만, 그 안의 흐름은 어느 정도 일정하며 그 안의 원리는 오랜 기간 존속되고 있지요.

이것을 알아차리는 것이 바로 혜안이며 통찰력(insight)이에요. 우리는 책을 통해, 또 철학을 통해 의문을 갖고 답을 찾아갈 수 있으며 깨달을 수 있어요. 책은 가장 조용하게 나를 지켜주는 변치 않는 벗이며, 가장 친절하고 위대한 스승입니다.

우리가 지식을 쌓는 목적은 그것을 실제로 응용하여 삶을 잘 살아가기 위한 것이지요. 지식은 실천을 통해 진짜 지식으로 거듭날 수 있어요. '듣는 것이 듣지 않는 것보다 낫고, 보는 것이 듣는 것보다 낫고, 아는 것이 보는 것보다 낫고, 실천하는 것이 아는 것보다 중요하다.'라고 해요. 배움은 몸소 실천하는 단계에서 최고의 경지에 이를 수 있고, 배움을 직접 실천할 때 비로소 완전한 이치를 깨달을 수 있어요.

우리만의 남다른 철학 레시피

"공부!? 나처럼 해 봤어?" 바보 김득신

조선 후기 문인 김득신(1604~1684)은 어릴 때 천연두를 앓아 상당히 머리가 나빴고 재주도 없는 편이었어요. 어느 정도인가 하면 하루는 말을 타고 길을 가는데 책 읽는 소리가 들리자 김 득신은 말을 멈추고 한참 동안 들으며 생각했어요. 그러고는 이 렇게 말했습니다.

"그 글이 아주 익숙한데 무슨 글인지 생각이 안 나는구나."

그러자 말고삐를 끌던 하인이 올려다보며 말했어요.

"부학자 재적극박 어쩌고저쩌고 하는 것은 나리가 평생 맨

날 읽으신 건데 쇤네도 알겠습니다. 나리가 모르신단 말씀입니까."

기가 막힐 노릇이죠. 김득신이 '부학자 재적극박' 한 것은 바로 『백이전』으로 김득신은 이 책을 무려 113,000번이나 읽었대요. 그 덕에 하인조차 외울 정도였지만 정작 본인은 무슨 글인지조차 기억하지 못한 것이죠.

열 살 때 글을 배우기 시작해서 스무 살에 겨우 글 한 편 지었을 정도로 재주가 없었어요. 하지만 노력만큼은 혀를 내두를 정도여서 늘 책을 끼고 지낸 건 물론 1,000번 이상 읽지 않은 책은 아예 독서 목록에 올리지 않았대요.

그러나 이런 그의 노력과 열정으로 인해 마침내 사대가인 이식으로부터 김득신의 시문이 당대 제일이라는 칭송을 받기에 이르렀고, 세상의 시인으로 이름을 떨쳤습니다. 옛사람들은 김득신의 노둔함을 자주 화제에 올렸는데 그 속에는 비아냥거림이 아니라 외경이 담겨 있어요.

지금도 세상을 놀라게 하는 천재는 많습니다. 하지만 기웃대지 않고 자기 자리를 묵묵히 지키는 성실한 둔재는 찾아보기 힘들죠. 한때 반짝하는 재주꾼들은 있어도 꾸준히 끝까지 가는 노력가는 만나 보기가 참 힘듭니다(국민대학교 정민 교수님 글 인용).

우리만의 남다른 철학 레시피

서당폭력

_____ 서당폭력을 당하여도 공부하던 할머니와
그분의 마지막

"여러분! 이야기 하나 들어 볼래요?"

할머니 이야기를 해 볼게요. TV에 뉴스가 나오면 핵심 내용
은 아래 자막으로도 나오지요. 할머니는 그때마다 어김없이 소
리 내어 그 글자를 읽곤 하셨어요. 한글을 읽는 속도가 어찌나
느리던지, 읽는 중간에 자막은 사라지는 경우가 많았어요. 또
글씨는 삐뚤빼뚤하고 맞춤법은 거의 다 틀렸지요. 하지만 할머
니는 그런 자신의 모습을 부끄러워하기는커녕 정말 자랑스러워
하셨어요.

이 당당함은 어디서 나왔을까요? 당시에는 글을 읽을 수 있
는 할머니가 별로 없었어요. 그뿐 아니라 할머니보다 10살, 20
살 어린 분 중에도 한글을 전혀 모르는 까막눈인 경우도 많았지

요. 할머니에게는 또 사연이 있었어요. 당시에는 남존여비 사상이 강했고 여성들이 교육받기가 매우 힘들었어요.

그런데 한 훈장님의 도움으로 서당에서 공부할 기회가 생겼어요. 할머니는 남학생들 사이에서 홀로 한글을 배우면서도 배움의 희열을 느낄 수 있었대요. 하지만 수업이 끝나고 훈장님의 눈이 사라지면 바야흐로 '서당폭력'이 시작되었고, 갖은 욕설과 돌팔매질이 시작되었대요. 견디고 견디다 결국 할머니는 서당을 그만두게 되었어요. 하지만 할머니는 스스로 글을 읽고 쓸 수 있다는 것에 매우 기뻐하셨습니다.

일제 식민지배와 한국전쟁으로 혼란 속 모진 풍파를 견디며 살아온 할머니는 90세가 되던 1월 1일, 하얀 눈이 펑펑 내려 온 세상이 하얗던 날 돌아가셨습니다. 돌아가신 그날, 어머니는 평소처럼 할머니와 대화를 나누고 할머니가 드실 점심식사를 차려 놓고 외출하셨대요. 그 사이 할머니는 점심 식사를 마치시고 밥상을 깨끗이 정리한 다음 이불을 덮고 정갈하게 누워 잠드셨습니다.

돌아온 어머니는 할머니께서 낮잠을 주무시는 줄 아셨던 모양입니다. 하지만 평소보다 늦은 시간이 되어도 조용하여 할머니를 깨우러 가 보니, 이미 할머니는 하늘나라에 가신 상태였어요. 얼굴은 미소로 가득했고 아주 평안한 얼굴을 하신 채로요.

그 후 할머니의 장례가 치러졌습니다. 장례 마지막 날 밤, 먼 지역에서 백발의 한 할머니가 눈길을 헤치고 버스를 몇 번이나 갈

아타고 장례식장에 찾아오셨습니다. 어린 시절부터 함께했다는 그분은 영정 사진을 마주한 채 돌아가신 할머니에게 이렇게 말씀하셨어요.

"형님. 저 왔소. 먼저 가셨다는 소식을 듣고 형님 가는 길 보고 싶어 내가 이리 왔어요. 한평생 정말 열심히, 멋지게 사셨네요. 형님! 정말 고마웠소."

라고 말씀하시며 눈물을 흘리셨습니다. 후손의 입장에서 바라본 그 모습은 그 어떤 유산보다 가치 있고 큰 선물이었습니다.

김수환 추기경님의 마지막

"당신이 이 세상에 태어났을 때는 당신만이 울었고 당신 주
위의 모든 사람은 미소 지었습니다.
당신이 이 세상을 떠날 때는 당신 혼자 미소 짓고, 당신 주위
의 모든 사람이 울도록 그런 인생을 사십시오."

수년 전 김수환 추기경님의 책 『나는 바보입니다』를 읽었습니
다. 생각보다 살짝 지루해서 졸릴 때쯤 이 글귀를 보고 눈이 번
쩍 뜨였어요. '이보다 짧고 강렬하며 완벽한 죽음을 표현한 글
이 있을까?' 싶을 정도였습니다.

우리는 누구나 이 세상에 벌거벗은 나약하고 순수한 아이의
모습으로 태어납니다. 아이는 온 얼굴을 찡그리며 온 힘을 다해
울지만, 아이를 낳은 엄마도 주변의 가족들도 그 아이를 향해
미소를 짓지요. 그러나 세상을 떠날 때의 모습은 참으로 극명한
차이를 보입니다.

사람이 죽을 때는 바른 자세와 좋은 표정을 지어 마무리하라고 합니다. 그 사람의 자세와 표정이 '그대로' 굳으니까요. 죽는 사람은 슬픔을 가득 안고 있거나 고통스러워하며 죽는데, 주변에 나의 죽음을 슬퍼하기는커녕 기뻐하는 사람도 있을 수 있지요. 반대로 또 본인은 편안한 미소로 죽음을 맞이하는데, 그를 사랑했던 주변의 이들은 그의 죽음을 너무나 안타까워하며 슬퍼하며 떠나보낼 수도 있겠죠.

김수환 추기경님은 자신이 남긴 말씀 그대로 세상을 떠난 분입니다. 종교를 떠나 수많은 이들이 그의 삶을 존경하고 그의 죽음에 애통해하며 눈물을 흘렸으니까요.

당신의 마지막 모습은 무엇입니까? 어떤 죽음을 그려 볼 수 있나요?

"직접 만들어 보아요."

1. 나의 죽음을 그려 보아요.

2. 나의 마지막 모습은 어떤 모습인가요?

3. 여러분이 스스로 묘비명을 쓴다면, 뭐라고 표현할 건가요?

예) 칸트의 묘비명: "나에게 항상 새롭고 무한한 놀라움과 존경심을 일으키는

두 가지가 있다. 그것은 하늘에 반짝이는 별과 내 마음속 도덕률이다."

니체의 묘비명: "이제 나는 명령한다. 차라투스트라를 버리고 그대들 자

신을 발견할 것을."

조지 버나드 쇼 묘비명: "우물쭈물하다 내 이럴 줄 알았다."

내가 생각하는 달콤한 맛은?

삶의 매운맛을
요리하기 위한
철학 레시피

2-1

부정적 감정 혹은
뜻하지 않은 상황과 마주했을 때

"나랑
아모르 파티할 사람~?"

* 운명애(運命愛): 자신의 운명을 사랑하라!

"춤추는 별을 잉태하려면 내면에 혼돈을 지니고 있어야 한다."

– 프리드리히 니체

가수 김연자의 〈아모르 파티〉를 아시나요? 흥겨운 멜로디의 아모르 파티는 어깨를 들썩이게 만드는 노래로, 가사도 상당히 긍정적인데요. 여기에서 놀라운 사실이 하나 있어요. '아모르 파티(Amor Fati)'라는 단어는 말 그대로 '파티(Party)' 자체를 의미하지는 않습니다. 그러면 무엇일까요? 먼저 이 아모르 파티를

열창한 철학자 니체를 살펴보겠습니다.

니체가 말하는 아모르 파티는 운명애(運命愛)를 말해요. 직역하면 '자신의 운명을 사랑하라.'이고 '자신의 삶에서 일어나는 고난과 어려움까지도 받아들이는 적극적인 방식의 삶의 태도'를 의미합니다. 즉, 부정적인 것을 긍정적인 것으로 가치 전환하여 자신의 삶을 긍정하는 것이죠.

니체는 또 이렇게 주장했어요.

"삶이 만족스럽지 않거나 힘들더라도 자신의 운명을 받아들여야 한다. 그러나 운명을 받아들인다는 것은 자신에게 주어지는 고난과 어려움 등에 굴복하거나 체념하는 것과 같은 수동적인 삶의 태도를 의미하지 않는다."

우리는 종종, 아니 어쩌면 매우 자주, 뜻하지 않게 부정적인 감정 또는 뜻하지 않는 상황에 마주치곤 합니다. 우리는 흔히 그것을 '고통'이라고 이야기하곤 하죠.

고통이란 무엇일까요?

고통의 불교 연구의 중요한 언어인 팔리어로 'dukkha(둑카)'라고 해요. 이는 '불만족'을 뜻하는데요. 불만족의 의미를 이해하기 위해서는 다시 '만족'의 의미를 되짚어 봐야 합니다.

'만족'이라는 단어의 원뜻은 놀랍게도 '물이 발목까지만 와도 족하다.'입니다. 대부분 사람은 흔히 만족이라는 표현을 쓸 때 가슴 또는 목까지 물이 차야만 '만족한다'라고 생각하기 쉬운데요. '발목까지만 와도 충분하다'라는 의미로 '만족'을 표현했던 선조들의 지혜가 꽤 의미심장해 보입니다.

한편, 불교에서 이야기하는 '고통'의 의미를 되짚어 보겠습니다. 부처님은 이렇게 말씀하셨어요.

"이것이 苦(고)의 고귀한 진실이다."
- 태어나는 것도, 늙는 것도, 병드는 것도, 죽는 것도 고통이다[생로병사(生老病死)].
- 싫은 것을 만나는 것도, 좋은 것과 헤어지는 것도, 원하는 것을 얻지 못하는 것도 모두 고통이다[원증회고(怨憎會苦), 애별리고(愛別離苦), 구부득고(求不得苦)].

부처님의 말씀은 심오하면서도 어려워 보이지만, 한편으로는 당연하고 수긍이 되는 말씀이라 생각돼요. 사랑하는 사람은 만나고 싶고 오래 함께하고 싶지만, 보지 못하고 떨어져 있을 때 고통스럽습니다. 반대로 싫고 미운 사람은 자꾸 만나고 보기 싫은데 봐야 하고 사사건건 함께하며 부딪혀야 해서 고통스럽습니다.

내가 원하는 것을 다 얻으면 좋으련만, 세상은 그렇지 않습니다. 약 이천 년 전 불교의 창시자인 고타마 싯다르타는 '고(苦)의 진실'에 대해 그렇게 말씀하셨어요. 이것은 또한 삶의 모습이고 실체이기도 합니다. 우리는 반드시 태어난 이상 늙고, 병들고, 죽으니까요. 그 누구도 이를 피해 갈 수 없습니다.

그렇다면 우리는 이런 삶을 어떻게 바라보고 생각해야 좀 더 편안해질 수 있을까요?

불가피하다면 고통을 개선의 기회로!

강한 바람과 거센 소나기 없이 어린나무가 당당하고 키 큰 나무로 성장할 수 있을까요? 불행과 저항, 고통 없이 위대한 성장은 불가능합니다. 이러한 측면에서 오히려 고통은 성장의 동력이자 필수조건이 될 수 있습니다.

가장 값비싼 바이올린은 춥고 거센 바람이 끝없이 불어오는 극한의 상황에서 자라난 나무로 만든다고 합니다. 바로 이 나무가 특별한 울림과 깊이를 가진 악기를 만들어 내는 훌륭한 재료가 되기 때문입니다.

우리만의 남다른 철학 레시피

●

프리드리히 니체(Friedrich Nietzsche, 1844~1900)

초인을 소망한 니체?!

니체에 대한
더 깊이 있는
이론을 원한다면?

_____ 니체의 기본 사상

"우리는 스스로 가치를 규정해야 한다. 신은 죽었다. 그러므로 이제 우리는 초인을 소망해야 한다."

– 니체

독일 남부 뢰켄에서 태어난 니체는 남다른 어린 시절을 보냈습니다. 어린 나이 5세에 아버지와 남동생이 사망하게 된 것입니다. 그가 청년이 되어 대학 입학 전에 쓴 글을 살펴보면 가부장적 권위를 지닌 아버지로서의 남성상에 대한 동경을 표현하고 있는데, 이는 그의 성장 환경의 영향으로 보입니다.

1864년 본 대학에 입학하고, 다음 해에는 라이프치히 대학으로 옮기게 되는데요. 본격적인 문헌학 연구에 몰두하면서 특히 그리스 고전에 대한 탐구에 탁월한 천재성을 발휘하게 됩니다. 그렇게 니체는 남다른 재능을 인정받게 되고 25세에는 이미 스위스 바젤 대학의 고전어와 고전 문학 분야의 교수로 부임하기에 이릅니다. 1872년에는 첫 번째 철학적 저술인 『비극의 탄생』을 출판하고 작곡가인 바그너와도 친분 관계를 맺게 됩니다.

그 후 그는 계속해서 많은 작품을 출판하지만, 한 가지 치명적인 문제가 발생하게 됩니다. 바로 1879년이 되던 해, 건강의 악화로 인해 강의를 중단하게 된 것이죠. 그렇게 그는 스위스 곳곳을 여행하며 요양 생활을 시작합니다. 그리고 그는 1884년에 (여러분들이 흔히 알고 있는)『차라투스트라는 이렇게 말했다』를 매우 빠른 속도로 집필하여 완성하게 되고 건강도 회복하게 됩니다.

그렇게 니체의 인생은 순탄하게 흘러가는 듯 보였지만, 여동생과의 불화, 바그너와의 결별, 살로메와의 사랑과 이별 등으로 혼란을 겪게 되고 1889년 심각한 정신 이상의 증세와 함께 쓰러지며 정신 병원에 입원합니다. 그렇게 니체는 11년간 병원 생활을 이어 가다 1900년 사망하게 됩니다.

니체의 가장 대표적인 저서로는 초기에 작성된『비극의 탄생』,『반시대적 고찰』, 중기에 작성된『인간적인, 너무나 인간적인』,『즐거운 학문』그리고 후기에 작성된『차라투스트라는 이렇게 말했다』를 이야기할 수 있습니다. 그는 19세기 후반의 유럽 사회와 문화에 대하여 강력하게 비판하면서도 쇼펜하우어식의 소극적인 비관주의를 극복하려 했습니다.

그의 철학 체계는 최초의 저서인『비극의 탄생』에서도 이미 암시되어 있는데요. 이를 자세히 살펴보면 그리스 비극이 어떻게 음악의 정신으로부터 탄생했는가를 주제로 다루지만, 이를 통하여 19세기 후반을 지배했던 이성주의와 (이에 근거한) 낙관주의를 비판합니다.

니체의 사상 : 이성의 감옥으로부터의 해방

니체는 소크라테스 이전의 전통적 그리스 세계관에서는 감정적이고 본능적인 것의 발산을 대변하는 디오니소스적인 요소와 합리적 이성과 사고를 강조하는 아폴론적인 요소가 모두 갖추어져 있었다고 보았습니다. 앞서 언급한 '디오니소스'와 '아폴론'이라는 용어는 그리스 로마신화에서 등장하는 신으로부터 유래된 용어입니다. 이 중 디오니소스는 술의 신으로서 노래, 음악, 춤, 연극 등의 요소를 상징하는 인물로부터 유래된 것입니다. 하지만 아폴론은 평화의 신으로서 논리적 질서와 철학적 사고를 상징하는 인물입니다.

니체에 따르면 그리스 비극은 이 두 요소를 종합하여 이룩된 매우 뛰어난 예술의 양식으로서 디오니소스적인 엑스타시스(extasis: 자신에게서 벗어나는 종교적·초월적 경지로서의 탈아 또는 망아)와 아폴론적인 카타르시스(katharsis: 영혼의 정화)를 모두 느끼게 합니다. 그리스 비극은 주인공의 파멸을 적나라하게 보여 줌으로써 개체로서의 인간의 파멸에도 불구하고 그로부터 다시 태어나는 어떤 영원한 것이 있음을 암시하고 관객들로 하여금 이런 영원한 생명력과의 합일을 느끼도록 하며 동시에 비장함, 장엄한 감동을 주는 마치 불사조와도 같은 예술적 효과를 지닙니다.

그리고 니체는 이야기합니다. 소크라테스로부터 비롯된 이후의 서양 철학 전반이 단지 아폴론적인 것만을 강조했으므로 디오니소스적인 것으로부터 생겨나는 생명의 역동적임과 창조적 능력을 상실하고 그저 이성의 틀 안에 스스로를 구속하게 되었다고 말이죠.

> "소크라테스의 등장과 함께 인간은 이성이라는 감옥 안에 스스로를 감금하게 되었으며 결국 인간은 이런 이성에 매몰된 채 질식할 상황에 이르게 되었다."

이러한 니체의 말은 앞서 언급한 그의 사상을 정확히 표현합니다. 그리고 이렇게 잘못된 출발점을 지닌 서양 철학이 2천 년

이상 계속 전개되었기 때문에 모든 것을 지식으로 환원하여 설명하려는 사태에 이르러 19세기 철학뿐만이 아니라 문화 전반이 타락하게 되었다고 니체는 진단합니다.

니체는 인간이 '이성이라는 감옥'에서 해방되어야 한다고 주장합니다. 이를 위해서는 더 이상 인간의 본질을 이성 따위로 간주해서는 안 되며, 이성에 기초한 도덕이 우리에게 행복한 삶을 보장할 것이라는 '소박한 도덕주의'의 유혹에 빠져서도 안 된다고 말합니다. 이성에서 벗어나기 위해 우리는 이전의 모든 가치와 질서를 부정하는 새로운 관점을 지닐 수밖에 없는데, 그런 관점의 출발은 바로 '우리의 삶은 그리고 삶을 살아가는 존재로서 우리의 본질은 힘에로의 의지(Wille zur Macht)'임을 선언하는 것이라고 이야기합니다.

니체는 합리성과 근대성에 기초한 당시 유럽의 철학, 문명을 비판하고 거부하는데 이런 그의 입장을 가장 극적으로 드러낸 언급이 '신은 죽었다'라는 선언입니다. 여기서 신이 죽었다는 말은 무엇을 의미할까요? 이에 대한 다양한 해석이 있지만, (대표적으로) 하이데거의 해석에 따르면 이 말은 (형이상학적 측면에서) 신으로 상징되는 초감각적인 세계가 더 이상 실제적인 힘을 잃어버린 것을 의미합니다. 즉, 플라톤이 주장한 이데아 이래로 계속되어 온 초감성적 세계의 실재성과 궁극성을 부정한 것입니다.

또한 신이 죽었다는 말은 문자 그대로 종교적 측면에서의 신, 즉 기독교적인 신의 죽음을 의미하는 것이기도 합니다. 신의 죽음을 선언함으로써 기독교적인 절대자가 인간의 도덕과 운명에 대한 영향력을 상실했다는 것이죠. 이렇게 니체가 선언한 '신은 죽었다'는 문구는 결국 철학과 종교의 두 측면에서 서양 문명을 지배해 왔던 신의 영향력이 사라져 버렸음을 선언한 것입니다.

니체는 '신 자체' 또는 '신이 부여한 목적'이 초감성적 차원에서 부여된 최고의 가치로 여겨져 '도덕적인 인간의 삶'을 외부로부터 규정해 왔다고 생각합니다. 신의 명령을 도덕의 근거로 여겼던 중세 기독교 도덕이 쇠퇴하였음에도, 이런 도덕적 사고방식은 일종의 관습처럼 계속 유지되었다고 합니다. 그러나 시간이 흘러 결국 신과 교회의 권위 대신 '이성과 양심의 권위', '사회적 본능', '역사적 진보', '최대 다수의 최대 행복' 등이 그 자리를 대신했습니다.

여기에서 니체는 이들은 모두 신 중심의 세계 해석이 변형된 것에 불과하다고 이야기합니다. 그는 이런 가치들(신과 교회의 권위에 대항하여 생긴 새로운 가치들)은 인간 삶에 어떤 의미를 부여하기도 했지만, 이는 단지 가공의 허위에 불과하다고 생각했습니다. 인간은 이런 허위의 의미를 신봉함으로써 위안을 얻었지만 그 대가로 인간이 발을 붙이고 사는 대지와 세계로부터 비롯된 고유한 가치와 의미를 박탈당했다고 설명합니다.

니체는 이제 신의 죽음을 통해 이런 관습이 무의미한 허구로 드러났으므로, 이상 가치의 정립 방식을 바꾸지 않으면 안 된다

우리만의 남다른 철학 레시피

고 주장합니다. 즉, 초감성적 차원의 원천을 계속 받아들이면서 단지 새로운 내용을 부과하는 것이 아니라, 이전의 모든 가치와 그것의 체계를 송두리째 부정하는 가치의 '전도'가 필요한 것이지요. 그리고 오직 현실의 삶과 그런 삶을 살아가는 존재자 자체에서 가치를 찾아야 한다고 말했습니다.

이처럼 신의 죽음은 니체에게 어떤 신학적인 이론, 즉 무신론을 주장하려는 것이 아니라 당시 세기말의 유럽 문명 전반에서 신의 영향력이 사라져 버렸음을 폭로한 것으로서 이는 곧 당시의 시대상에 대한 비판이라는 의미를 지닙니다. 사실 서양의 형이상학과 종교를 2천 년 이상 지배해 왔던 '신'이라는 존재는 종교적 신앙의 대상일 뿐만 아니라 서양 철학의 전통적인 이원론과 목적론의 형이상학적인 궁극적 실재이자 도덕적 가치의 부여자의 역할을 수행했습니다. 그러나 니체는 그런 '신'의 죽음을 선언함으로써 과거의 철학과 종교와의 단절을 상징적으로 표현한 것입니다.

니체의 사상 : **허무주의의 극복과 힘에의 의지**

한편 하이데거는 '신은 죽었다'는 니체의 말에 대해 다음과 같이 지적합니다.

"만일 초감각적인 세계의 근거로서의, 모든 현실적인 것의 근거로서의 신이 죽었다면 따라서 초감각적인 이데아의 세계가 현실계에 대한 구속력과 조직력을 상실했다면 이는 결국 인간이 의지할 수 있는 것, 인간이 기준으로 삼아야 할 것은 아무것도 없게 됨을 의미합니다."

그렇다면 신의 죽음의 선언과 함께 니체 또한 쇼펜하우어식의 허무주의 또는 소극적인 비관주의에 빠지게 되는 걸까요? 결코 그렇지 않습니다. 니체는 '모든 신은 죽었다. 이제 우리는 초인이 살기를 원한다.'라는 언급을 통하여 신의 죽음이 단순한 허무주의의 도래를 의미하는 것이 아니라 오히려 허무주의를 극복한 자로서의 초인의 가능성을 열어 놓습니다.

신의 죽음은 오히려 새로운 인간으로서의 삶을 회복하려는 하나의 적극적인 계기를 제공합니다. 이를 통해 인간은 기존의 가치 체계로부터 벗어나 새로운 가치의 세계로 눈을 돌릴 수 있게 됩니다. 따라서 니체가 신의 죽음을 통하여 의미한 바는 과거 2천 년 이상 지속되어 온 신에 의한 인간의 구속으로부터 인간을 해방시키려 한 것임을 읽을 수 있습니다.

물론, 니체는 신의 죽음과 더불어 일시적으로 인간들이 허무주의에 빠지게 될 것을 인정합니다.

"인류를 엄습하는 가장 두려운 손님인 허무주의가 이미 문밖에 서 있다. 모든 방문객 중에서도 가장 두려운 이 방문객은 도대체 어디에서 우리를 찾아오는 것인가?"

우리만의 남다른 철학 레시피

"신이 사라져 버린 인간의 대지 위에는 하나의 그림자가 드리워진다. 그것은 바로 허무주의라는 그림자이다."

이와 같은 언급들은 니체가 예견한 일시적인 허무주의를 표현한 것이지요. 인간의 유일한 이상, 전형, 도덕의 근원이었던 신이 사라진 후 신의 자리를 대신할 아무것도 없음을 발견한 인간은 고독한 상실감에 빠지게 되고 무의미의 긴 터널 안에 머무르게 됩니다. 이때 인간이 느끼는 것은 오직 허무뿐일 것입니다. 신의 죽음과 뒤이은 허무주의에 의해서 인간에게는 도저히 벗어날 수 없고, 감당할 수 없는 '삶의 굴레'가 씌워지며 이는 '최대의 무게'로 인간을 짓누르게 될 것입니다.

니체는 신이 죽은 후 인간이 택할 수 있는 길은 '두 가지'가 있다고 진단합니다. 첫 번째는 '마지막 인간의 길'이며 두 번째는 '초인(Übermensch)'의 길입니다. 허무주의의 무게를 감당할 수 없는 인간이 보이는 직접적인 반응은 바로 퇴폐의 늪으로 빠지는 것이라고 설명하는데요. 그것이 바로 '마지막 인간의 길'입니다.

그러나 니체는 허무주의의 궁극적인 극복은 새로운 초감성적 가치를 다시 만들어 냄으로써가 아니라, 오히려 그런 가치를 꾸며 내어 그것에 의지하지 않을 정도로 강한 존재인 초인으로의 정신을 통해서만 가능하다고 이야기합니다. 여기에서 이야기하는 '초인'은 신의 죽음으로 종래의 모든 가치가 무의미해지고 현실 세계가 어떤 의지할 근거도 상실한 상황에서, 허무의 늪에서 벗어나 다시 현실을 긍정하고 가치를 재창조하는 존재입니다. 따라서 이때의 초인은 '너는 해야만 한다(Du sollst)'라는 강요된 의무의 세계를 넘어서서 '나는 할 것이다(Ich will)'라는 자주적인 의지와 가치의 세계를 선포하는 가치 창조자라고 할 수 있습니다.

허무주의의 극복은 인간의 자기 강화에 의해서만 실현됩니다. 인간의 정신력이 퇴화될 때 사람들은 항상 피안의 세계나 미래의 이상 세계 등의 신기루를 만들고 거기서 구원을 찾으려 합니다. 하지만 이런 환상을 통해서는 결코 구원에 이를 수 없습니다. 현실의 무상함과 고통을 극복하는 길은 이들을 있는 그대로 긍정하는 것이며, 오히려 이를 자신의 힘을 강화하는 계기로 전환할 수 있는 강인한 내부적 힘입니다.

바로 이를 니체는 '힘에의 의지'라고 부릅니다. 힘에의 의지란 자기 강화와 자기 극복의 의지이며, 자신의 힘으로 자신의 구원을 구현하려는 의지입니다. 이런 의지를 통해 초인에 이른 인간은 초감성적 차원에 대한 숭배를 목표로 삼는 것이 아니라, 지상의 모든 고난과 고통을 흔쾌히 짊어지면서 삶을 긍정하고 또 모든 부정적인 것들을 수용할 정도로 힘에의 의지를 강화하게 됩니다.

또한, '힘에의 의지'를 획득한다는 것은 다른 사람을 지배하려는 의지가 아니라 오히려 자신을 통제하여 자신의 주인이 되는 것을 의미합니다. 즉 '힘에의 의지'의 본질은 자신을 지속적

우리만의 남다른 철학 레시피

으로 유지하고 극복함으로써 힘을 지속적으로 고양하고 강화하는 것이며, 자신의 삶을 계속 성장시키는 것입니다.

니체에 따르면, 인간은 힘에의 의지를 통해 자신의 참된 본질에 접할 때 기쁨을 느낀다고 합니다. 이 기쁨은 '자신을 끊임없이 극복함으로써 자신의 주인으로 존재하는 상태'에서 경험하는 감정이며 '자신이 더욱 강해졌음을 느끼는 감정'입니다. 니체는 힘에의 의지의 근본적 운동은 지속적인 자기 극복의 형태라고 파악했으며, 더 나아가 자신을 부단히 극복해 나가는 데 있다고 보았습니다.

니체의 사상은 쇼펜하우어의 생철학을 한 단계 더 발전시킨 것으로서 그의 비관주의를 벗어나 인간을 새로운 초인으로서의 가능성을 제시했다는 데 의의가 있습니다. 또한, 그의 사상은 본래적 자신을 회복하고 진정한 자신을 선택하고 결단하는 것이 인간의 참다운 실존이라는 실존주의 사상의 선구가 되었습니다.

니체의 사상: 영화 〈토리노의 말〉

영화 〈토리노의 말〉을 아시나요? 이 영화는 헝가리 감독 '벨라 타르'의 2011년 작품으로, 영국 BBC 선정 위대한 영화 100선으로 선정되기도 하였으며 벨라 타르의 마지막 작품으로 베를린영화제에서 심사위원대상을 받기도 했습니다.

이 영화는 1889년 1월 이탈리아 토리노에서 니체가 마부로부터 채찍질당하고 있던 말을 붙잡고 울던 일화를 모티브로 삼고 있습니다. 니체는 채찍을 맞는 말을 연민하며 붙잡고 엉엉 소리 내어 우는데요. "나는 인간이 너무 싫다!"를 외치는 듯한 니체의 애절한 모습이 그려집니다.

"우리는 신을 사랑하는 것이 더 빠를 수 있어! 인간을 사랑하는 것보다는 미워하고 싫어하는 경우가 많으니까."라고 말씀하시던 한 교수님의 말씀이 생각납니다. 그래서 어쩌면 '좋은 사람이란 이성이 허락하는 한 모든 사람을 사랑하는 사람이다'라고 하는지 모르겠습니다.

고통스러운 삶, 고통을 주는 상대방을 허락하기 위해 몸부림치며 울부짖는 철학자 니체의 모습이 그려집니다.

내면의 감정 이해하기

_____ 마음가짐을 바꾸는 방법

관점이 바뀌면 세상은 바뀌어 보입니다. 마치 사랑에 빠지면 세상이 온통 아름다워 보이고, 실연을 당하면 세상 모든 음악이 다 나를 위한 슬픈 음악으로 들리는 것처럼요. 내가 바라보는 세상이 내가 살아가는 삶의 모습이 되고, 하나의 프레임이 됩니다. 내가 쓴 안경 색깔로 세상의 색이 변해 보이는 것처럼, 삶을 바라보는 나의 관점은 참 중요합니다.

그런데 우리가 세상을 바라볼 때 유의할 점이 있습니다. '해 본 적 없는 것'과 '할 수 없는 것'은 다르다는 것을 아는 것이에요. 또 이미 지나간 일은 어찌하기가 힘들어요. 지나간 것에 애걸복걸 아쉬워하기보다는 잊어야 합니다. 단지 지나간 일 안에서 내가 교훈을 찾을 수만 있다면 삶은 달라질 수 있어요.

감정도 마찬가지입니다. 감정은 삶을 상당히 좌우해요. 감정은 생각에 대한 반응이기도 합니다. 죽음 그 자체가 불행한 것이 아니라, 죽음에 대한 나의 마음가짐 때문에 죽음을 불행하다고 느낄 수 있어요. 죽음은 인간이라면 누구도 피해 갈 수 없고 반드시 겪어야 하는데 죽음 자체를 꼭 불행하다고 볼 수 없잖아요. 그리고 세상에 끝이 없다면 어쩌면 삶은 더 고통스럽고 참담할 수 있을 거예요.

> 불행한 마음, 괴로운 마음이 들 때 이렇게 한번 생각해 보세요.
>
> 1. 내가 왜 불행을 택해야 하는가?
>
> 2. 우울해진다고 상황을 헤쳐 나가는 데 조금이라도 보탬이 되는가?

사실 내 감정에 대한 책임은 나 자신에게 있습니다.

물론 생각을 바꾼다는 것, 이것은 굉장히 어려운 일이에요. 또 습관적이고 부정적인 생각들을 떨쳐 내는 데에는 엄청난 노력이 필요해요. 하지만 계속 반복해서 노력할 때 새로운 생각은 단단한 믿음이 됩니다. 한두 번 시도해 보고 안 되니까 포기해 버린다면 무엇도 소용없을 거예요. 나는 다른 사람들 때문에, 특히 삶에서 극히 사소한 비중을 가진 사람들 때문에 화를 내기에는 너무나 소중한 사람이라는 것을 알고 이를 바꾸기 위해 노력해야 합니다.

스스로에게 도움이 되는 방향으로 관점과 생각을 한번 바꿔 보세요.

우리의 뇌는 어딜 가나 지니고 다닐 수 있는 막강한 도구로 마음만 먹으면 지금껏 한 번도 생각해 본 적 없는 멋진 용도로 사용할 수 있습니다. 그리고 누군가 나에게 지적을 했을 때, 마음에 들려 애쓰거나, 기분 나빠하기보다는 사실을 지적해 준 것에 그냥 한번 고마워해 보면 어떨까요?

내 마음을 가볍게 여기고 느낄 수 있다면 그건 굉장한 자기만족이자 자기 위로가 될 수 있습니다.

운동을 배울 때도 마찬가지예요. 수영도 물 안에서는 힘을 줘도 물 밖에서는 힘을 완전히 빼야 해요. 대부분의 운동은 힘을 빼야 잘한다고 해요. 힘을 줄 때도 있지만 불필요한 힘을 빼야 자세가 나오고 반동도 생깁니다. 우리의 삶도 마찬가지예요. 불필요한 힘을 빼야 더 잘합니다. 삶은 가볍게!

스트레스 다스리기

_____ 화나 스트레스로부터 나를 대피시키는 방법

화나 스트레스에 머무는 시간과 장소를 정하고 그때 잠시 집중해 보세요!

감정을 조금 밀쳐 내고, 타인의 처지에서 상황을 바라보며 시간을 정해 그 안에 담아 잠시 생각해 보고 그때 고민하고, 평소에는 외면하는 방법입니다.

　내가 가지고 있는 화나 근심, 스트레스를 풍선 안에 모두 담아 넣었다고 상상하고, 터뜨리는 모습을 상상해 보는 것도 방법이에요. 가득 화를 담은 풍선을 날려 버리는 상상을 하고, 이를 의식적으로 이를 반복해 보는 거예요.

　또 노자의 말처럼 물은 상선약수(上善若水)! 즉, 물은 만물을 깨끗이 하죠. 내 머릿속 혹은 복잡한 내 머릿속의 뇌를 꺼내어 맑고 깨끗한 산속 냇물에 씻어 낸다고 상상하고 이를 반복하며 호흡합니다.

　우리는 화나 스트레스를 피하며 살기 어려워요. 법륜스님의 말씀처럼 첫 번째 화살은 피할 수 없지만, 두 번째 화살은 맞지 말아야 합니다. 누군가가 쏜 첫 번째 화살은 날아온다면 맞을 수밖에 없습니다. 갑작스러운 상황과 상대방의 말은 피한다고 해서 쉽게 피해지지 않지요. 그러나 두 번째 화살은 맞지 않을 수 있어요.

　첫 번째 받은 상처를 나 스스로 너무나 머리와 마음속에 되새기며 반복 재생해서 스스로 고통을 주는 일로 두 번째, 세 번째 화살을 내게 쏘는 것은 고통스럽고 바람직하지 않지요. 그래서 의식적으로 두 번째 화살을 맞지 않도록 노력해야 합니다. 그리고 내가 바꿀 수 없는 부분이 아닌, 내가 바꿀 수 있는 부분에 열중해야 합니다.

"만약 어떤 이가 불행해하거든, 그가 오로지 자기 자신 때문에 불행하다는 것을 일깨워 주어라."

– 에픽테토스

"내가 아는 한 실재의 악은 두 가지야. 양심의 가책과 질병. 행복은 이 두 가지가 없는 상태지. 이 두 가지 악을 피하고, 자신을 위해 사는 것. 이것이 현재 내가 깨달은 전부야."

– 레프 톨스토이

"세상이 얼마나 불공평한지 투덜대면, 투덜대는 사람들을 더 많이 만날 것이다. 삶이 가치 없다고 믿는다면, 항상 가치 없는 증거를 발견할 것이다. 자신에게 화낼 권리가 있다고 생각한다면, 화를 내야 할 것들을 더 많이 찾아낼 것이다. 세상이 불공평하다고 믿는다면, 미궁에서 빠져나오지 못할 것이다."

– 인디언 격언

부정적인 감정 대처법

_____ 걱정과 불안에 대처하는 방법

세계에서 가장 많이 읽힌 책 중 하나인 성경에는 이런 구절이 나와요. 마태복음의 한 구절인데요. '목숨을 부지하기 위해 무엇을 먹을지, 무엇을 마실지, 무엇을 입을지 염려하지 마라.'고 되어 있어요. 내일 일은 내일 염려하라면서요.

마치 영화 〈바람과 함께 사라지다〉의 스칼렛 오하라가 비극적인 상황을 견뎌 내면서 내뱉은 마지막 대사 '내일은 내일의 태양이 떠오를 거야.'라고 자신을 격려하던 모습이 생각납니다.

신께서 많은 것을 돌봐 줄 테니 걱정하지 말라는 말씀도, 여배우의 대사도 참 멋지지만, 사실 걱정하지 않는 삶을 실천하기는 참으로 쉽지 않습니다. 미래에 대한 불안감은 늘 존재하고, 이로부터 완전히 벗어나는 것은 정말 어려운 일이니까요. 더더욱 극한 경쟁 속에서 성적과 입시의 굴레 안에 있는 학생들에게 이는 말처럼 쉽지 않습니다.

조선 시대 시인 '김삿갓'은 이렇게 말했다고 해요. '백 년도 못 사는 사람들이 천 년의 근심을 안고 산다.'라고요. 이렇게 인간은 시대와 국경을 초월해 불안과 함께 살아왔어요. 그러면 도대체 이러한 불안을 어떻게 바라봐야 할까요?

"불안은 인간에게 부정적인 것이 아니라 인간을 자유롭게 하
는 것이다."

– 키르케고르

_____ 철학자 키르케고르가 바라본 불안이란?

그런데 불안이 모두 나쁜 것은 아니에요. 불안에도 나름의
긍정적인 측면이 있어요. 철학자 키르케고르는 불안을 '인간에
게 부정적인 것이 아니라 인간을 자유롭게 하는 것이다.'라고
하였고 불안을 인간의 특징 중 하나라고 하였어요. 심지어 '불
안은 자유의 가능성이다.'라고도 했지요. 불안은 불확실한 미래
에서 오며, 정해져 있지 않은 미래가 불안의 원천이라고 보았답
니다.

만약 미래가 정해져 있다면 어떨까요? 아무런 변화도 없으
며, 가능성도 없어지겠지요. 모든 하고자 하려는 의지도 사라
질 것입니다. 그래서 미래가 정해져 있지 않다는 것은 불안의
원천이기도 하지만, 새로운 가능성의 기초가 되기도 합니다.
이렇게 미래가 정해져 있지 않기에 우리는 불안하지만 자유롭
습니다. 자유롭기에 행복할 수 있겠지요.

혼돈(混沌)

옛날이야기 하나 들어 보실래요? 정말 옛날이야기예요. 2천
년도 더 된 이야기거든요. 니체의 혼돈이 나왔으니, 장자(기원
전 369-289)의 혼돈도 한번 살펴볼게요.

남해에 임금이 살았는데 이름을 숙이라 하고, 북해에도 임금
이 살았는데 홀이라고 하였습니다. 그들은 사이가 좋았는지
중앙의 땅에서 자주 만났어요.
중앙의 임금은 숙과 홀을 언제나 그리고 아주 융숭하게 대접
했어요. 이러한 변함없고 극진한 태도와 대접에 감동한 숙과
홀은 혼돈의 은혜에 어떻게 보답할까 자주 의논했어요.
무엇을 해 주어야 할까 고민하는데, 상대에게 부족한 것, 혹
은 없는 것을 해 주어야 좋겠다고 생각을 했겠지요. 그런데
중앙의 임금은 하나의 완전한 상태로 부족한 것이 없었어요.
그런데 딱 한 가지, 중앙의 임금에게 없는 것이 있다는 것을

우리만의 남다른 철학 레시피

발견했어요(여기서 잠깐! 중앙의 임금을 인간이라고 생각하지 마세요. 하나의 실체라고 생각하고 접근해 보세요. 2천 년 전 이야기이며, 이야기 안에 내재한 의미와 본질을 파악하면 좋습니다).

사람은 누구나 눈, 귀, 코, 입 등 일곱 구멍이 있어서 그것으로 보고 듣고 먹고 숨을 쉬는데, 중앙의 왕만은 구멍이 없었어요. 그래서 숙과 홀은 중앙의 왕의 몸에 구멍을 뚫어 주기로 했어요. 그렇게 숙과 홀은 하루에 하나씩 혼돈의 몸에 구멍을 뚫었어요. 그리고 7일이 지나 혼돈의 몸에 7개의 구멍이 생겼지요. 하지만 그렇게 다 뚫자 혼돈은 죽고 말았습니다.

- 『장자』

어때요? 많이 황당한가요? 이는 장자의 책 '장자'의 이야기 중 하나입니다. 2천 년도 더 된 이야기라니까요. 그래도 그렇죠. 어이가 없다구요? 그런데 한번 생각해 보세요. 우리는 미국에서 만든 각종 마블 영화를 돈을 내고 시리즈를 찾아가며 신나게 보기도 해요. 마블 속 이야기만큼은 아니더라도 혼돈의 이야기는 상상력이 많이 필요한 이야기이면서도, 현대를 살아가는 우리에게 특별한 교훈을 줘요.

그렇다면 혼돈에서 말하고자 하는 이야기는 무엇일까요? 일단 이해를 돕기 위해 책 『장자』의 다른 이야기도 살펴볼게요.

"사람이 습기 찬 곳에 누워 자면 허리를 앓거나 반신불수가 되는데 미꾸라지도 그렇던가? 사람이 나무 위에 있으면 떨고 무서워하는데 원숭이도 그렇던가? (중략) 사람은 고기를 먹고, 사슴은 풀을 먹고, 지네는 뱀을 잘 먹고, 올빼미는 쥐를 좋아하지. 이 넷 중에 어느 쪽이 진짜 맛을 아는 것일까?"

"모장과 여희는 사람들마다 모두 아름답다고 칭송하는 미녀들이지만, 물고기는 보자마자 물속 깊이 들어가 숨어 버리고 새도 보자마자 높이 날아가 버리고 사슴도 보자마자 급히 도망쳐 버리지. 과연 이 넷 중에 누가 아름다움을 바르게 아는 것일까?"

"어느 날 장주(장자의 본명이 장주임)는 꿈에 나비가 되었다. 훨훨 날아다니는 나비가 되어서 유쾌하고 즐겁게 놀면서도 자기가 장주라는 것을 깨닫지 못했다. 잠에서 문득 깨어나 보니 자신은 엄연한 장주였다. 장주가 꿈에 나비가 되었던 것인지, 나비가 꿈에 장주가 되었던 것인가? 알 수 없었다."

사람의 생각, 사람의 의도적인 힘인 인위(人爲)가 완전한 세계인 혼돈을 파괴하는 것을 그려 내어 인간의 상대주의적 사고를 엿볼 수 있어요.

동양의 3대 사상인 도가 사상은 노자와 장자가 중심이 되어 '노장사상'이라고 해요. 도가 사상은 도(道)에 따르는 삶과 인간의 자유로운 삶을 중시하며 인위적 규범을 사회 혼란의 원인으로 보았어요.

우리만의 남다른 철학 레시피

특히 장자는 도(道: 천지 만물의 근원으로 천지 만물 어디에다 내재하는 것)의 관점에서 만물의 평등함과 정신의 자유로움을 강조하였지요. 옳고 그름[시비(是非)], 아름다움과 추함 [미추(美醜)], 삶과 죽음[생사(生死)]은 상대적이며 자칫 사회의 혼란을 초래하는 것이라고 보았습니다.

그래서 인간은 모든 분별과 차별에서 벗어나 만물을 평등한 것으로 보아야 하며, 주위 환경에 본래 마음을 어지럽히지 않고 도와 일치하는 삶을 살아갈 것을 주장하였습니다.

위의 이야기는 '사람의 생각, 인위로 판단하지 말고 만물을 평등하게 보는 제물(濟物)의 관점을 통해 사물을 바라보라.'는 것입니다. 즉 선악, 미추 등의 분별은 상대적인 것에 불과하며, 모든 차별은 의미가 없다는 것을 말하고 있어요.

"직접 만들어 보아요."

1. 내가 혼돈과 친한 '숙'이나 '홀'과 같은 왕이었다면, 혼돈을 어떻게 하였을까요?

2. 인간 중심적인 사고, 상대적 사고란 무엇입니까?

3. 이러한 사고의 문제점은 무엇입니까?

4. 장자가 되어 여러분의 상상 속 이야기를 무엇이든 펼쳐 보세요.

네 마음을 적어봐!

2-2

불행과 불평에
대처하는 방법

"이 양반은 뭐야? 철학자야, 황제야? 뭐? 둘 다라고?"

이름도 엄청 기네! 마르쿠스 아우렐리우스

"날이 새면 네 자신에게 말하라. 오늘도 나는 주제넘은 사람, 배은망덕한 사람, 교만한 사람, 음흉한 사람, 시기심 많은 사람, 붙임성 없는 사람을 만나게 될 거라고."

– 마르쿠스 아우렐리우스

마르쿠스 아우렐리우스는 철학자이자 로마 시대의 황제로 책

『명상록』의 저자입니다. 『명상록』은 하버드대, 옥스퍼드대 등의 필독서이며, 미국의 대통령이었던 빌 클린턴이 자주 읽던 책으로도 유명해요. 단지 유명해서가 아니라 곁에 두고 읽으면 많은 지혜를 얻고 위로를 받을 수 있을 거예요.

그는 대개의 사람이라면 간절히 얻고자 하는 최고의 권력과 부를 가진 로마의 황제였어요. 하지만 삶을 새로운 각도로 바라보며 자신의 생각을 진솔하게 일기 형식으로 이 책에 담아냈어요.

명상록은 어떤 책인가요?

『명상록』은 마르쿠스 아우렐리우스가 자신의 내면 깊은 곳으로 들어가 자신을 살펴보고, 현재 상황에서 어떻게 사는 것이 최선의 삶인지 스스로에게 충고하기 위해 마르쿠스 아우렐리우스가 쓴 책이에요. 자신이 지금까지 살아온 삶 전체를 떠받쳐왔던 중요한 명제들, 철학의 핵심 원리들과 인간이 자기 삶 속에서 실천할 수 있는 윤리, 그리고 통찰들을 짧은 글 안에 담아내었어요.

그는 실제로 전쟁터에서 일기 형식의 책『명상록』을 썼어요. 우리는 삶이라는 전쟁터에서 살아가며, 진짜 전쟁터에서 쓴 그의 철학을 통해 위로와 함께 삶의 희망 그리고 지혜도 배울 수 있어요. 마르쿠스 아우렐리우스의 말을 살펴볼게요.

　　　　　　　　　우리만의 남다른 철학 레시피

"최고의 복수는 너의 적과 같이 되지 않는 것이다."

"가장 고귀한 삶을 선택해서 살아라. 그런 삶이 너의 몸에 배어 습관이 되면 아주 달콤한 삶이 될 것이다."

"이미 네 안에는 네가 태어나면서부터 지닌 온갖 미덕들이 있고, 그런 미덕들을 얼마든지 밖으로 내보일 수 있기 때문에, 너에게는 타고난 재능이나 잘하는 것이 없다고 변명하거나 핑계 댈 필요가 없다는 것을 왜 알지 못하느냐."

"너의 마음을 즐겁고 기쁘게 하고자 한다면, 네가 함께 어울리는 사람들의 좋은 점을 떠올려 봐라."

그의 철학은 스토아 철학자 에픽테토스의 영향을 많이 받은 것으로 알려져 있으며, 스토아 철학에 기반해요. 마르쿠스 아우렐리우스는 로마 제국의 16대 황제였으며 오현제로 불려요. 그를 알기 위해서는 헬레니즘 시대에 대한 이해가 필요합니다. 아울러 헬레니즘 시대의 대표 사상인 에피쿠로스학파와 그가 속한 스토아학파에 대해서도 살펴보면 좋아요.

헬레니즘

헬레니즘이란 알렉산드로스 대왕이 사망한 때(기원전 323)로부터 옥타비아누스(Octavianus)가 악티움 해전에서 안토니우스를 격파한 시기(기원전 31)에 이르는 300여 년간의 그리스·로마 문명을 지칭하는 용어예요. 이 시기는 도시 국가들 사이의 정복 전쟁으로 고대 그리스 문화 전반이 쇠퇴하고 점차 붕괴하기 시작한 혼란기 또는 난세로 평가되기도 하지요. 그래서 헬레니즘의 시대는 기존에 도시 국가를 전제로 그 안에서의 잘 사는 삶, 개인과 공동체 사이의 이상적인 조화로서의 도덕을 추구했던 플라톤과 아리스토텔레스의 윤리설이 더 이상 큰 의미를 지니지 못하게 되었어요.

도시 국가인 폴리스가 해체되고 전쟁과 정치적 불안이 지속되자, 사람들은 '어떻게 해야 개인의 평온한 삶을 유지할 수 있을까?'에 더 관심을 기울였습니다. 그리고 이러한 시대적 상황을 배경으로 등장하여 당시 사람들에게 공감을 불러일으킨 사상이 있었어요. 그 사상은 바로 에피쿠로스학파와 스토아학파입니다. 에피쿠로스학파는 철학자 에피쿠로스의 이름에서 유래하였어요. 에피쿠로스는 '쾌락은 유일한 선이며 고통은 유일한 악'이라 전제하고 쾌락은 행복의 시작이자 끝이라는 쾌락주의 입장을 제시하였어요. 그런데 여기서 유의할 점이 있어요. 여기서 말하는 쾌락은 식욕, 수면욕과 같은 감각적 쾌락과는 거리가 먼 것이라는 점이에요. 에피쿠로스학파는 왜 이러한 쾌락을 멀리했을까요? 감각적 쾌락은 당시에는 강렬한 만족을 줄 수 있지만, 쾌락주의의 역설에 빠지기가 쉽습니다. 쾌락주의의 역

우리만의 남다른 철학 레시피

설이란 '추구하면 추구할수록 좋지는 것이 아니라, 추구하면 추구할수록 고통스러워진다.'는 말을 뜻해요. 마치 좋은 책은 읽기는 싫지만, 읽으면 읽을수록 나에게 지혜와 도움을 주고, 마약은 하면 할수록 나를 고통에 빠뜨리고 처음만큼의 쾌락을 느끼지 못하게 하는 것과 같아요.

그래서 에피쿠로스의 쾌락은 우리가 흔히 생각하는 쾌락이 아닌 '정신적 쾌락'을 말합니다. 그들이 말한 쾌락은 몸과 마음의 고통이 모두 소멸한 평안하고 고요한 상태, 즉 '아타락시아(평정심)'이며 그들은 이를 추구해요.

또 스토아학파는 평온한 삶으로서의 행복을 추구합니다. 여기서 평온함이란 어떤 상황에서도 동요하지 않는 정신상태, '아파테이아(부동심)'라고 해요. 흔들리지 않는 편안함이라고나 할까요? 우리는 어떤 고통스러운 상황이나 스트레스에 노출되면 마음이 마구 흔들리고 불안하잖아요. 스토아학파에서는 그런 일이 일어나지 않고 '마음에 동요가 없는 상태'를 원했던 거예요.

그런데 이런 자기 사랑과 보살핌을 통해 얻은 평정심이나 부동심은 비단 자신만을 위해서가 아니라 다른 사람을 보살피는 데도 필수적인 전제 조건이 될 수 있어요.

- 자기 만족감: 아우타르케이아(autarkeia)

- 평정심, 부동심: 아파테이아(apatheia)

- 불안 탈피, 영적 안정감, 침착함: 아타락시아(ataraxia)

●

에피쿠로스학파(Epicouros學派)

상위의 쾌락
vs
저급한 쾌락

다소 어렵고
딱딱한 내용이니
유의 바람

_____ 에피쿠로스학파의 기본 사상

에피쿠로스(Epicuros, 기원전 341-270)로 대표되는 이 학파는 기본적으로 쾌락주의(hedonism)를 대표합니다. 쾌락주의는 인간의 경험을 근거로 형성된 대표적인 윤리적 체계로서 대체로 다음과 같은 과정을 거쳐서 구성됩니다.

1. 모든 인간은 쾌락을 추구하고 고통을 회피한다. - 경험적 사실

2. 모든 인간이 추구하는 것이 곧 선, 회피하는 것은 곧 악이다. - 기본 가치 규정

3. 그러므로, 쾌락은 선, 고통은 악이다. - 중간 결론

4. 우리는 선을 추구해야만 하고 악을 회피해야만 한다. - 도덕의 기본적 당위

5. 그러므로 우리는 쾌락을 추구해야만 하고 고통을 회피해야만 한다. - 쾌락주의의 결론

물론 이런 전제로부터 그다음 단계의 결론으로 넘어가는 추론이 타당한 것인가에 대해서는 수많은 논의와 비판이 있지만, 쾌락주의는 경험적 사실로부터 당위를 도출하는 대표적인 이론으로 평가받으며 다양하게 변형되며 오늘날까지도 큰 영향을 미치고 있습니다.

그런데 여기서 쾌락을 어떻게 해석하는가에 따라(예를 들면 어떤 종류의 쾌락, 누구의 쾌락을 기준으로 삼는가 등) 다양한 형태의 쾌락주의가 등장하게 되는데요. 역사적으로 소크라테스 직후 등장한 키레네학파의 아리스티포스(Aristippos)가 최초의 본격적인 쾌락주의자로 알려져 있습니다. 그들은 모든 인간이 가장 직접적이고 강력하게 느끼고 추구하는 쾌락으로서 개인의 육체

적 쾌락을 중시했으며 그런 쾌락의 획득이 최고선이라고 생각했습니다.

그러나 그것은 곧 쾌락이 일정 수준 이상에 이르게 되면 더이상 만족을 얻을 수 없고, 더 나아가 쾌락의 노예가 됨을 발견하게 되는데요. 이로부터 등장한 것이 바로 '쾌락주의의 역설'(hedonistic paradox)이라는 개념입니다.

쾌락주의의 다양한 형태		
	쾌락의 종류	쾌락의 범위
키레네학파	육체적, 본능적 쾌락	행위자 자신
에피쿠로스	정신적 평안함-내면적 쾌락	행위자 자신만을 고려
벤담	수량화 가능한 양적 쾌락	최대 다수의 쾌락
J. S. 밀	품위감을 손상하지 않는 질적인 상위의 쾌락	관련자 전체

_____ 에피쿠로스학파의 사상: 정신적 쾌락의 추구

에피쿠로스는 '쾌락'이란 육체적 쾌락이 아닌 '정신적 평안함이 지속하는 상태'로 파악하였으며, 진정한 쾌락이란 이성의 통찰을 바탕으로 크고 작은 고통을 인내하면서 추구하는 정신적인 쾌락이라고 주장했습니다. 그들은 순간적인 쾌락이 아닌 장기적이고 지속적인 쾌락을 얻기 위해서는 어떻게 해야 하는가의 문제에 초점을 맞추고 있는데요.

우리만의 남다른 철학 레시피

이들은 감각적 쾌락을 탐닉하는 삶을 비난하면서 육체적 욕구를 자제하며 마음을 안정시킬 때 진정한 쾌락에 도달할 수 있다고 생각했습니다. 진정한 쾌락에 도달하기 위해서는 식욕, 성욕 등의 본능을 충족하는 저급한 쾌락 추구에서 벗어나야 하며, 다른 사람들과 여러 가지 감정적 관계를 맺는 것은 갈등, 분쟁, 질투 등에 빠지게 하고 그 결과 서로를 불행하게 만들기 때문에 이를 자제하면서 격리된 삶이 주는 안정과 평화를 즐겨야 한다는 것입니다.

에피쿠로스학파에서 주장하는 대표적인 상위의 쾌락은 미적인 쾌락 그리고 특히 지적인 쾌락입니다. 이 두 쾌락은 혼자서도 충분히 누릴 수 있는 것이며 상당히 지속적이고 쾌락의 결과가 고통을 수반하지 않습니다. 물론 이런 쾌락을 누리기 위해서는 어느 정도의 훈련과 계발, 자기 노력 등을 필요로 합니다. 하지만 닦으면 닦을수록 빛이 나는 보석과 같이, 고급스러운 쾌락은 추구하면 할수록 우리를 더 높은 단계의 쾌락으로 인도합니다.

한편 저급한 쾌락은 훈련이나 계발을 필요로 하지 않고 바로 추구할 수 있는 손쉬운 것처럼 보이지만, 이는 결국 인간을 위기에 빠져들게 하는 덫 또는 수렁과도 같은 것으로 보았습니다.

스토아학파(Stoa學派)

로고스와
아파테이아!

스토아학파가
더 궁금하다면?!

_____ 스토아학파의 기본 사상 : 이법(logos)

스토아학파의 대표자는 제논(Zenon, 기원전 336-264)입니다. 그는 금욕주의를 채택한 대표적인 철학자 중 한 명인데요. 그는 이 세상을 설명함에 있어, '이법(logos)'의 존재를 전제합니다. '이법(logos)'이란 자연법칙, 사건의 발생, 세계의 전개 등 모든 것을 포함하는, 세계의 궁극 법칙이라 할 수 있습니다.

이는 각 개인과 사물, 사태에 불변적인 운명과 같이 전개된다고 주장했습니다. 그래서 인간도 이 이법을 수용하여 자신의 운명에 순응해야만 참되고 올바른 생활을 할 수 있다고 생각했습니다. 그런데 우리 인간은 실상 '이법'의 존재를 부정하며, 운명을 바꾸기 위해 노력하고 자유를 잘못 사용한 결과 '감정'을 불러일으키고 이 '감정'은 결국 '격정'으로 극단화된다고 설명합니다.

스토아학파에 따르면 돌발적이고 격정적인 감정은 피해야 합니다. 감정으로부터 비롯된 욕구는 자연의 음모라고도 할 수 있는데요. 이 음모에 빠지면 선을 추구하고 악을 피하려는 부질없는 노력을 하게 되고 이런 노력이 성공을 거두지 못하므로 더욱 큰 고통에 빠진다고 보았습니다.

하지만 앞서 언급한 선과 악의 구분은, '이법(logos)'의 입장에서 보면 그 자체로는 선도 악도 아닌 단지 이법의 전개일 뿐입니다. 따라서 선악에 대한 어떤 객관적인 기준이 존재하는 것이 아니며, 선악을 추구하거나 회피하려는 인간의 감정이 만들어내는 것으로 여겨야만 한다고 설명합니다.

_____ 스토아학파의 사상: 부동심(apatheia)

pathos(감정) → patheia(감정이 있는 상태) → apatheia(감정이 없는 상태)

스토아학파는 잘못된 감정에 휩쓸리지 않는 금욕적 생활로서 부동심(apatheia)의 상태에 도달하여야 하며 이것이 참된 '이법(logos)'에 따르는 생활이라고 주장합니다. 감정에 휘말리지 않는 의지의 강건함이라 할 수 있는 부동심의 상태에 이르게 되면 어떤 신분의 사람이든, 아니면 자신이 현재 어떤 상황에 있든, 그런 것은 내적 평안을 누리는 데 아무 문제가 되지 않는다고 합니다. 적어도 '이법(logos)' 앞에 놓여 있는 인간은 감정으로부터 생겨난 욕구 때문에 고통받는다는 점에서 모두 동일하며, 이런 욕구를 극복할 때 개인적인 내적 평안에 도달할 수 있다는 점에서도 동일합니다. 여기서는 사회적 계급이나 신분의 차이는 아무 소용도, 의미도 없습니다.

이런 사실은 스토아학파의 입장을 대표하는 것으로 유명한 두 사람을 가장 대표적인 예로서 살펴볼 수 있습니다. 한 사람은 로마 제국의 황제였던 마르쿠스 아우렐리우스(Marcus Aurelius, 121-180)이며, 다른 한 사람은 노예 계급이었던 에픽테토스(Epictetos, 50-135)로서 스토아학파의 입장을 주장하는 데에 있어 신분의 차이는 중요한 것이 아님을 알 수 있습니다.

사실 초기 스토아학파는 개인적 금욕주의로 출발했으나, 모든 사람에게 공통되며 더 나아가 세계를 관통하는 '이법(logos)'을 강조하고 이런 '이법(logos)' 앞에서는 모든 사람들이 평등하다는 점을 강조함으로써 세계시민주의(Cosmopolitanism)에 이르게 되었으며 이는 로마 제국의 형성 과정에서 사상적 기초로

작용했습니다. 이 점은 로마 제국 초기의 대표적인 사상가인 키케로나 세네카 등이 모두 스토아학파적인 경향을 보였다는 사실을 통해서도 잘 드러납니다.

특히 실정법보다 '이법(logos)'으로서의 자연법이 우위에 있다는 생각은 로마법의 자연법사상에도 큰 영향을 미쳤으며 사람들 사이에 인간의 숙명주의를 유행시켰습니다.

에피쿠로스학파와
_____ 스토아학파의 공통점과 차이점

헬레니즘 시대에 등장한 두 학파는 쾌락주의와 금욕주의라는 상반되는 방법을 채택했지만, 그 결론은 소극적인 은둔과 현실로부터의 도피에 이른다는 점에서 공통점을 보입니다. 이를 개인과 전체라는 관점에서 비교해 보면 다음과 같습니다.

에피쿠로스학파는 전체를 부정하고 철저히 개인의 정신적인 쾌락에만 몰두할 것을 주장하였으며, 스토아학파는 개인을 눈앞의 현실보다 더욱 큰 전체에 몰입시킴으로써 개인을 망각하고 전체에 순응할 것을 주장합니다.

이 두 학파의 윤리적 사상은 이후로도 많은 철학자들에게 지속적으로 큰 영향을 미쳤으며 특히 혼란한 시기에는 더욱 크게 유행했습니다. 이는 혼란기에 철학으로부터 일종의 정신적 위안을 얻으려 했던 대중들의 심리를 잘 반영합니다.

> "만약 어떤 이가 불행해하거든, 그가 오로지 자기 자신 때문
> 에 불행하다는 것을 일깨워 주어라."
>
> −에픽테토스

에픽테토스는 기원후 50−60년경 지금의 튀르키예 지역인 피뤼기아의 히에라폴리스에서 태어났습니다. 68년경 에파프로디투스의 노예가 된 것으로 기록되어 있어요. 또 그는 앞에서 살펴본 마르쿠스 아우렐리우스에게 많은 사상적 영향을 준 사람으로 알려져 있습니다.

에픽테토스만큼 자신의 '운명적 불행'을 즐기면서 살았던 철학자는 찾아보기 힘들 것입니다. 그는 자신의 운명적 불행을 '신'에 대한 사랑과 신에 대한 굳건한 믿음으로 견뎌 내면서 일상적 삶의 문제들을 철학적으로 가르쳤던 철학자입니다.

우리만의 남다른 철학 레시피

극한의 상황 대처법

_____ 극한 어려움을 만났을 때 인간의 심리 5단계

　사랑하는 사람의 죽음이나, 갑작스레 큰 병이나 사고를 만났을 때 사람들이 겪는 분노(슬픔)의 단계를 스위스 출신의 정신과 의사인 퀴블로 로스(kubler-Ross)는 이렇게 나누었습니다.

> **사람들은 어떻게 자신의 아픔을 받아들이는가?**
>
> 1. 부정(Denial)
>
> 2. 분노(Anger)
>
> 3. 타협(Bargaining)
>
> 4. 우울(Depression)
>
> 5. 수용(Acceptance)

처음에는 누구나 자신에게 닥친 너무나 큰 사건과 사고에 놀라고 이를 받아들이기 어려워합니다. 그래서 현실을 부정하게 되지요. 또 현재 상황에 엄청난 분노를 느낍니다. 고통스러운 현실을 마주하게 되고 더 큰 좌절과 우울감을 느끼지만 결국 이를 수용하게 됩니다. 대부분의 사람들이 이러한 단계를 경험합니다.

하지만 현명한 사람일수록 자신의 상황을 더 빨리 받아들이며 수용한다고 해요.

불평이란?

_____ 사실! 불평은 나를 위한 것인지도~

살아가다 보면 일이 잘못되거나 잘 풀리지 않을 때가 많아요. 그때 우리는 자연스레 불평하기 마련인데, 문제는 그 불평이나 원망의 대상을 자신이 아닌 밖에서 찾는 경우가 많다는 거예요.

원인을 내가 아닌 밖에서 찾으면 일단 편해요. 내가 아닌 남을 원망하니까, 나 스스로가 괴롭지 않아요. 하지만 불평하는 습관이 생기면, 무언가 잘되지 않을 때마다 자기 자신에게 원인을 찾는 대신 다른 사람을 부정하고 비꼬기가 쉽습니다. 그리고 그 마음 안에는 '나는 옳지만, 너는 틀렸어'라는 생각이 자리 잡

우리만의 남다른 철학 레시피

은 경우가 많아요.

또 다른 사람을 깎아내리고 자신의 말과 행동을 치켜올리면서 우월감이나 쾌감을 느끼기도 해요. 그런데 사실 이는 일시적인 해결책이 될 뿐이며 훗날 자신에게도 아무런 이득을 주지 않습니다.

결국, 대부분의 문제는 내 안에 있기 때문에 (자신을 자책만 하면 안 되지만) 상황과 사실을 정확히 점검하여, 고쳐야 할 것은 과감히 받아들여야 해요. 불평만 반복하면 이는 나의 하루를 망치고, 나의 관계를 망치고, 결국 나의 삶을 망치게 돼요.

사실 우리는 다 알고 있어요. 사사건건 불평불만을 늘어놓는다고 해서 나 자신에게 이득이 되지 않는다는 것을요. 또 내가 지금 얼마나 불만족스러운지를 밖으로 표현해 봤자 상황은 나아지지 않는다는 것도요.

불평하는 순간 '아, 내가 지금 또 불평하고 있구나. 밖에서 원인을 찾고 있구나!' 인식하고 통제할 수 없는 것들에 관해서는 관심을 끄고 놓아 버려야 해요.

이 불평불만은 '자아정체성'과도 연결됩니다.

자아정체성이 확립되지 않으면 누가 자신을 칭찬해 줘야만 자신을 좋은 사람이라고 생각하기 쉽고, 누군가 자신을 비난하면 자기 자신을 의심하기 쉽습니다. 결국, 이러한 악순환을 끊어 내기 위해서는 자아정체성을 확립해야 해요.

나는 누구인지, 내가 어떤 사람인지, 나의 장점은 무엇인지, 나의 단점을 무엇인지 등 자신의 능력과 본질에 대해 잘 알고 있어야 합니다. 그래야 내 삶의 주체가 되고, 이렇게 나를 잘 알아야 다른 사람의 평판에서 자유로워질 수 있는 거예요.

걱정

_____ 나 자신을 믿어 봐!

"걱정은 흔들의자다. 당신에게 일을 안겨 줄지는 몰라도, 당신을 어디로도 데려가지 못한다. 걱정은 흔들의자다."

– 밴스 해브너

현재는 걱정할 때가 아니라 충실하게 살아야 할 때임을 기억하세요.

불필요한 걱정이 때론 터무니없다는 사실을 파악해야 해요. '내가 그 일을 걱정한다고 해도 상황이 바뀔 가능성이 조금이라도 있는가?'를 꼭 생각해 보세요.

그리고 걱정하는 시간을 조금씩 줄여 보세요. 오전, 오후 10분씩 걱정하는 시간을 지정하는 건 어떤가요? 어려운 상황에서 제

우리만의 남다른 철학 레시피

법 효과적인 무기는 우리 인생에서 그런 걱정과 나를 옥죄는 마음을 몰아내고자 하는 의지입니다. 미래에 어떤 일이 닥쳐도 의연하게 감당해 낼 수 있다는 자신감, 내면의 안정이 중요해요!

일은 언제나 어긋날 수 있어요. 그건 당연해요. 어긋날 때마다 불안하고 괴롭지만, 안절부절만 해선 안 돼요. 오히려 그럴 때일수록 마르쿠스 아우렐리우스처럼, 내 안으로 들어가 내 안의 굳은 나를 만나야 해요. 나 자신을 믿어야 합니다. 나와 내 안의 내적인 힘에 대한 굳은 믿음이 있다면, 많은 것을 변화시킬 수 있어요.

어떤 일에 성공하지 못했다 해도 다 실패한 게 아니에요. 어느 시기에 어떤 시도를 했는데, 성공하지 못했던 것뿐입니다. 그 사실을 인식해 보세요. 한 번도 실수한 적이 없는 사람은 한 번도 새로운 것에 도전해 본 적이 없는 사람이라는 것을 기억하세요.

흠집을 인정하라

"사람이 본인의 믿음에 대한 자신감을 정당화할 수 있는 유일한 방법은 자신의 의견과 행동에 대한 비판에 열린 태도를 유지하는 것, 그리고 비난을 경청하는 습관을 통해 적절한 교훈을 얻는 것뿐이다."

– 존 스튜어트 밀

"타인보다 우리 자신을 더 아끼는 이 감정은, 타인 역시 우리 자신을 더 아껴 주기를 바라는데, 그것은 불가능한 일이다."

– 장 자크 루소

상대방의 말에 혼란스러울 때, 잠시 숨을 고르며 생각해 보세요. 그리고 그 사람의 말과 나의 상황을 객관적으로 판단해 보세요. 반대 의견은 늘 존재할 수밖에 없어요. 그리고 상대방의 말에 내가 꼭 반응을 보일 필요도 없습니다.

칭찬은 즐거운 것이며, 인정 역시 그래요. 하지만 모든 이에게 칭찬받고 인정받는 것은 불가능하며 이는 오히려 독이 될 수 있어요. 우리는 인정받지 못하고 초라하게 느껴져도 괴로움에 대비해 면역력을 길러야 해요. 비난에 부딪혀도 실망하지 않게 된다면, 분명 나는 즐겁고 행복한 현재의 자유를 얻을 수 있을 테니까요.

"직접 만들어 보아요."

1. 나의 장점은 무엇인가요?

2. 나의 단점은 무엇인가요?

3. 내 장점을 어떻게 키워 나갈 수 있을까요?

4. 내 단점은 어떻게 고쳐 나가면 좋을까요?

5. 이를 바탕으로 자신의 좌우명을 만들어 본다면?

네 마음을 적어봐!

2-3

강인한
나를 위한 루틴

"그물에 걸리지 않는 바람처럼, 흙탕물에 더럽혀지지 않는 연꽃처럼"

"무소의 뿔처럼 혼자서 가라."

이는 불교 경전 『숫타니파타』에 나오는 말로, 영화 제목으로도 알려져 유명해요. 주변의 상황과 분위기에 쉽게 흔들리지 말고, 중심을 잡고 꿋꿋이 살아가라는 뜻입니다.

우리는 살면서 온갖 상황에서 크고 작은 어려움에 만나지요. 어렵다고 쉽게 포기하거나, 당장 주변의 인기와 인정만 얻고자 한다면 후회하기 쉬워요. 그물에 걸리지 않는 바람처럼, 흙탕물에 더럽혀지지 않는 연꽃처럼, 당당히 걸어가는 무소의 용맹한 뿔처럼 때론 혼자서 가야 해요!

"다른 사람보다 우수하다고 고귀한 것은 아니다. 과거의 자신보다 우수한 것이야말로 진정한 고귀함이다."

– 헤밍웨이

다른 사람은 속여도 나 자신은 속일 수 없어요. 대부분 문제는 원인이 밖에 있는 것처럼 보여도, 사실 대부분 답은 내 안에 있는 경우가 많아요. 이 사실을 인식해야 해요. 잘못된 사회의 구조와 제도는 고쳐 나가야 하지만, 나 자신은 바꾸지 않고 남 탓만 해서는 아무것도 해결되지 않아요. 처음에는 잘 되는 듯 보여도 결국엔 아무런 발전이 없어요. 결국에는 나 자신이 이걸 제일 잘 알아요. 합리화하고 아닌 척할 수 있지만, 결국에는 아무것도 아닌 것이 될 수 있다는 사실을요.

'다른 사람' 말고 '과거의 나'와 경쟁해 보세요. 제일 잘하는 사람 말고, 자신의 현재보다 '좀 더 앞의 나'와 경쟁해 보는 거예요. 그렇게 서서히 늘려 나가 후반부가 되면, '자신의 최대치'와 경쟁해 보세요. 무슨 일이든 시간이 지나고 숙달되어 잘하기 전까지는 좀처럼 재미가 없거든요. 그것은 당연해요.

그러니 어제의 나보다 오늘 내가 좀 더 나아졌다면 자신을 칭찬하고 토닥토닥 격려하면서 100도를 향해 끓어오르는 물처럼 기다리며 버텨야 해요. 이를 위해서는 '고생하기로 마음먹어 보는 것'도 방법이 될 수 있어요. 태도가 바뀌면 많은 것이 달라지거든요. 중요한 건 태도예요.

과하게 굽신거리거나, 자기만 잘난 듯 유아독존 하라는 것은 아니에요. 아첨도 자만도 아닌 '겸손'이라는 중용의 덕이 있는 것처럼요. 사람이 자기 자신을 어떻게 대하는가, 나아가 다른 사람을 어떻게 대하는가 하는 '삶의 태도'는 많은 영향을 줘요.

또 뭐든 과하게 기대하는 것은 좋지 않아요. 꿈은 커야 하지만, 이루는 데는 엄청난 노력과 시간이 필요한 법이죠. 아직 되지도 않았는데 기대가 크면 실망도 클 수밖에 없어요. 뛰어난 미녀 미남도 기대하고 만나면 실망하는 것처럼요.

'나는 무조건 잘될 거야.'라든가 '아주 쉬울 거야.'라며 쉽게만 생각하기보다는 "이번에 한번 제대로 고생해 보겠어." 하고 마음먹으면 상황은 꽤 달라질 수 있어요.

물론 어려움을 보면 피하고 도망치고 싶은 게 사람의 마음이에요. 하지만 도망치거나 너무 겁먹지 말고 한 번쯤은 나 자신을 위해 크게 용기를 내 보는 것도 방법이지요. 사실 겪어야 할 내 몫의 고통을 당당하게 겪고 이겨 낼 줄 알아야, 나중에 내 몫

도 당당히 찾을 수 있어요. 왕관의 무게를 견디는 자가 왕이 될
수 있는 것처럼!

좀 더 크게 마음먹고 통 크게 용감해지는 거예요.

"내가 소설만 잘 쓴 줄 알지?
나 일기 엄청 많이 쓴 사람이야. 몇 년 썼게?"

| 토이스토리 아냐. 나! 톨스토이야. 세계적인 대문호라고 |

"모든 사람이 세상을 바꾸겠다고 생각하지만, 그 누구도 자기 자신을 바꿀 생각은 하지 않는다."

"자기 습관의 주인이 돼라. 습관이 우리의 주인이 되도록 해서는 안 된다."

– 톨스토이

올바른 습관과 관련하여 세계적 작가, 대문호 톨스토이에 대해 살펴볼게요.

톨스토이는 금수저예요. 집안이 어느 정도일까요? 그는 러시아 귀족, 그것도 백작의 아들이었어요. 지체 높은 집안의 아들로 태어난 그는 요즘 말로 로열패밀리였고 매우 유복하게 자랐을 것처럼 보여요. 하지만 2살 때 어머니가, 9살 때 아버지가 세상을 떠나요. 그 후 친척들 손에서 어렵게 자라요.

그는 자신에게 닥친 불행을 잊고, 이를 극복하기 위해 어떻게 했을까요? 미친 듯, 끊임없이 책을 읽었어요. 이렇게 독서에 몰입하며 자신의 어려움과 외로움을 달랬어요. 그리고 매일 일기를 썼대요. 톨스토이는 몇 년 동안 일기 쓰기를 했을까요? 알아맞혀 보세요.

뜨악! 무려 63년입니다. 그것도 거의 빠짐없이 매일 썼어요. 남겨진 기록만 해도 19세부터 82세까지랍니다. 톨스토이는 매일 일기를 쓰며 자신을 반성하고 자신의 삶을 발전시켰어요.

톨스토이의 대표 작품으로는 『사람은 무엇으로 사는가?』, 『안나 카레리나』, 『바보 이반』, 『부활』, 『전쟁과 평화』, 『참회록』 등이 있어요.

'매일 책을 읽지 않으면 입안에 가시가 돋친다.'라는 안중근 선생님의 말씀이 생각나는 대목입니다. 저는 사실 이 말이 이해가 가지 않았어요. 선생님과 부모님은 늘 책을 읽으라고 말씀하셨지만, 책을 읽지 않아도 제 입안은 참 멀쩡해서 '선현들이 거짓말을 하시는구나.'라고도 생각했어요. 물론 아주 어린 시절의 생각이었지만 말이죠.

그러나 나중에는 그 말씀의 본질을 이해할 수 있었어요. '매일매일 좋은 말씀을 가까이하지 않으면, 나의 마음과 말 속에 가시가 돋치고 선함과 부드러움에는 멀어진다.'는 뜻으로 볼 수 있으니까요. 마치 근묵자흑(近墨者黑)처럼요.

사람은 누구나 주변 환경에 영향을 받아요. 정도의 차이가 있지만, 환경의 영향을 받지 않는 사람은 없어요. 늘 책을 가까이하고, 좋은 것에 자신을 자꾸 노출해 보세요. 자신의 삶을 똑바로 바라보고 마주하며 자신의 삶을 기록해 보세요. 분명 긍정적 변화가 찾아올 거예요.

메인 레시피 3

"악한 사람도
순자 씨를 만나면?"

순대? 아니고 순자! 이번에는 순자 씨를 만나 볼게요.

여기서 잠깐! 왜 동양의 철학자들은 다 '자'로 끝나나요? 우연일까요? 아니에요. 본명은 다 달라요. 이 '~자'는 존칭으로 위대한 사람에게 붙이는 특별한 칭호입니다.

순자는 어떤 사람일까요? 약 2300년 전 중국의 전국시대 사람으로 이름은 황이며, 맹자와 같은 시대에 활동하였어요. 순자는 인간의 선은 타고나면서부터 가지고 나오는 것이 아니라,

인위적인 결과로 보았으며 '인간의 본성은 악하다'는 '성악설'을 주장했어요.

　순자가 말하는 성(性)은 인간의 감성적 욕구의 측면을 지칭한 것으로, 맹자가 비감성적이고 순수한 인간 본성을 일컬었던 것과는 달라요. 순자의 선은 인위(人爲)로써 인간이 노력하면 성취되는 것으로 보았고 이를 '화성기위(化成起僞)'라고 하였습니다. 이것은 후천적인 작위(作爲)에 의하여 기질을 변화시키는 것으로, 이러한 노력을 통해 순자는 '악한 인간도 선하게 될 수 있다.'고 보았어요.

> "天行有常 不爲堯存 不爲桀亡(천행유상 불위요존 불위걸망)."
>
> 　　　　　　　　　　　　　　　　　　　　　　　　　　　　　　– 순자

하늘은 인간을 지배할 수 없으며, 인간을 조정할 수 있는 것은 자기 자신이다. 누구나 자신의 의지와 상관없이 이 세상에 태어났으나, 성공은 자신에게 달려 있다. 누구든 자신의 이상을 펼치고 싶다면, 반드시 용감하고 끈기 있게 노력해야 하고 숙명론의 그늘에서 벗어나야 한다.

> "君子博學 而日參省乎己 則知明而行無過矣(군자박학 이일참성 호기 즉지명이행무과의)"
>
> 　　　　　　　　　　　　　　　　　　　　　　　　　　　　　　– 순자

군자는 넓고 깊은 지식을 쌓아야 하며, 매일 있었던 일과 자기 자신을 뒤돌아볼 줄 알아야 지혜가 더욱 밝아지고 잘못된 행동을 하지 않을 수 있다.

반성의 의의

반성은 마음의 거울이며 나 자신을 알아 가는 데 필수적인 요소예요. 하지만 이는 결코 쉬운 일이 아니지요. 그렇다고 반성을 너무 어렵거나 피하기보다는, 하루에 한 번쯤은 잠시 시간을 내어 자신에게 관심을 두고 자신의 하루를 돌아보는 것이 중요해요.

'나는 오늘 무엇을 배웠는가? 내가 부족했던 점은 무엇인가? 고쳐야 할 점은 무엇인가?'를 생각하며 소소한 행복을 찾을 수 있다면 분명 좋은 결과를 얻을 수 있어요. 그런데 여기서 중요한 점은 반성의 출발점과 방향이 자신을 향해 있어야 한다는 점이지요.

반성의 방법

반성은 일종의 심리적 활동으로, 당사자가 아닌 제삼자의 눈

우리만의 남다른 철학 레시피

으로 자신을 관찰하고 평가하는 것입니다. 반성의 방법에는 여러 가지가 있어요.

　매일 아침이나 밤 일기를 쓰거나 명상을 할 수 있어요. 혹은 잠시 조용히 자신의 언행을 되돌아보며 짧은 시간이더라도 자신의 상황을 점검하고, 잘못된 점은 없는지 생각해 보는 것도 좋은 방법이에요. 어떤 방법으로든 머릿속에 잠자고 있는 생각들은 끄집어내서 다시 한번 살필 수 있다면, 반성의 좋은 출발점이 될 수 있습니다.

"놀자!
아니고 노자!"

여러분 노자를 아시나요? 노자는 동양의 3대 사상인 도가의 사상가이며 그의 사상은 책『도덕경』을 통해 살펴볼 수 있어요. 영어권에서는 성경 다음으로 많이 번역된 책이 바로『도덕경』이라는 거 알고 계신가요?

그렇다면 왜 그렇게『도덕경』이 인기가 많을까요? 여러 이유가 있겠지만 가장 기본적인 이유는 바로『도덕경』의 내용 때문이에요.『도덕경』은 약 5,000자의 한자로 구성된 얇은 책으로 시적인 운율이 있어 시집과 같이 보여요. 하지만 그 내용을 보면 짧은 내용 안에 세상에 대한 날카로운 혜안과 풍부한 지혜가 담겨 있어요. 그래서 이 책은 읽는 사람에 따라 여러 해석이 가능하고, 내용에서도 우리의 상식을 뛰어넘는 경우가 많고 여러 문제에 대해 근본적인 물음과 사색을 하게 하는 힘을 가지고 있답니다.

『도덕경』은 총 81장으로 구성되어 있어요. 1장부터 37장까지를 「도경」이라 하고, 38장부터 81장까지를 「덕경」이라고 해요. 그리고 그 「도경」과 「덕경」을 합해서 『도덕경』이라고 합니다.

노자는 공자와 같은 시대의 인물로 젊은 공자와 연륜이 많은 노자가 만났다는 일화도 전해져 내려와요. 이는 중국의 역사서 『사기』에 기록되어 있어요. 공자는 노자에게 직접 찾아가 배움을 청했다고 알려져 있어요. 공자는 노자를 만난 후 노자에 대해 이렇게 말했어요.

"나는 새가 날 수 있다는 것을 알고 있다. 물고기가 헤엄칠 수 있다는 것을 알고 있다. 짐승이 달릴 수 있다는 것을 알고 있다. 달리는 것은 그물로 잡을 수 있고, 헤엄치는 것은 낚시로 잡을 수 있고, 나는 것을 활로 잡을 수 있다. 그러나 용에 대해서, 나는 그것이 바람과 구름을 타고 하늘로 올라가는지 어떤지 알 수 없다. 나는 오늘 노자를 만났는데, 그는 마치 용과 같았다."

공자의 이 말은 노자가 자신이 알고 있는 세상 사람들과는 전혀 다른 사람이고 도저히 그 깊이를 헤아릴 수 없음을 표현했다고 여겨져요. 그럼 이제 『도덕경』의 내용 중 일부를 살펴볼게요.

섭생(攝生): 진정한 자기애란 무엇인가

『도덕경』에는 섭생(攝生)*이란 말이 나와요.

여러분! 한번 의문을 품어 볼게요.

'나 자신을 있는 그대로 인정하고 존중하는 것'은 '자기애'의 기본으로 알려져 있습니다. 그런데 2천 년 전 노자의 말씀을 살펴보면 또 진정한 자기애가 무엇인지, 나 스스로를 어떻게 대해야 하는지에 대해 우리에게 주는 교훈이 있어요.

여러분은 자기 자신이 누구보다 잘 대접받아야 한다고 생각하나요?

당연한 거 아니냐고요? 사실 누구든 잘 대해 주고 나를 위해 주는 데 싫을 사람은 없지요. 오히려 나를 무시한다는 느낌이 들면 기분이 나쁘고 그로 인해 싸움이 나기 쉽죠. 누가 나를 욕했다거나 모함했다는 이야기를 듣고 다툼이 벌어지는 상황이

---

* 섭생: 攝(다스릴 섭), 生(살 생)

참 많잖아요.

그런데 노자는 스스로를 귀하게 대하지 말라고 말해요. '네 삶을 진정으로 잘 만들고 영위하려면 오히려 네 몸을 힘들게 하라.'고 했어요. 왜 그런지 노자의 주장을 한번 들어 볼까요?

좋은 옷 입고, 맛있는 음식 먹고, 고생하지 않게 하는 것만이 능사일까요? 내 몸을 편안하게만 하고 너무 귀하게만 여기면 어떻게 될까요? 내 몸은 약해지거나 병들기 쉽습니다.

아름답고 건강한 몸을 만들려면 역으로 내 몸을 괴롭혀야 합니다. 편하기로 하자면 입맛이 당기는 대로 맛있는 음식을 먹고, 편히 누워 늘 쉬는 것일 텐데요. 그렇게 하면 어떻게 될까요? 몸은 살찌고 무거워지고 병들기 쉬워요.

입에는 맞지 않지만, 균형 잡힌 음식으로 소식하고, 운동을 하는 등 몸을 많이 움직이며 돌보면 내 몸은 탄탄해지고 건강해집니다. 그래서 원하는 대로가 아니라, 내 몸을 위하는 방법으로 힘들게 해야 해요.

다른 예를 더 들어 볼게요. 한약재료 및 식재료로 널리 쓰이는 달달한 대추 이야기입니다. 대추나무에 대추를 많이 열리게 하려면 예전에는 이런 방법을 썼다고 해요.

혈기 왕성하고 성질 사나운 염소 한 마리를 대추나무에 계속 묶어 놓습니다. 그렇지 않아도 가만히 못 있는 말썽꾸러기 염소를 옴짝달싹하지 못하고 묶어 놓으니 이 녀석이 얼마나 대추나무에 몸을 비벼 대고 물어뜯으며 나무를 귀찮고 힘들게 할까요? 하지만 이렇게 계속해서 염소가 대추나무를 힘들게 하면, 대추나무가 긴장을 하고 본능적으로 대추를 더 많이 열어 번식시킨다고 해요.

적당한 긴장과 경쟁자나 천적의 필요성을 알 수 있는 대목입니다. 이는 마치 큰 바다를 건너는 배 안의 수족관에 장거리 항해를 떠나는 물고기들이 죽지 않고 병들지 않도록 천적을 풀어 함께 살게 하는 것과도 같은 이치겠지요.

"학교 시험 및 수능시험 단골!
누구? 칸쵸 아니고 칸트!"

"언제 봐도 새로운 끝없이 커지는 존경심과 경외심으로 내 마음을 채우는 두 가지가 있다. 하나는 별이 빛나는 머리 위의 하늘이고, 다른 하나는 내 안의 도덕률이다."

"네 의지의 준칙이 언제나 그리고 동시에 보편적 법규에 맞도록 행위하라."

– 칸트

여러분은 '독일' 하면 무엇이 생각나나요? 축구? 벤*나 BM*

같은 고급 자동차? 맥주와 소시지?

저는 그것도 생각나지만, 독일 하면? '장신의 나라'가 떠올라요. (물론 대표 장신 국가는 네덜란드로 알려져 있습니다만~)

저에게는 친한 친구가 있는데, 그 친구의 키는 176㎝가 넘어요(참고로 여성분입니다). 이 친구는 학교 다닐 때부터 단짝이었는데, 모델처럼 키가 크고 날씬했어요. 사람들은 이 친구를 보면 항상 '키가 몇이냐?'라고 묻고는 정말 크다고 감탄하곤 했지요.

더구나 굽이 있는 신발을 신으면 180㎝가 훌쩍 넘어갔기 때문에, 그 친구와 함께 있을 때 저는 더 작아 보였답니다. 둘이 함께 길을 걸을 때면, 앞에서 걸어오는 남학생들의 다가올수록 커지는 동공과 입을 볼 수 있었어요. 그들은 친구와 자신의 키를 비교하곤 했지요.

그런 이 친구가 유럽에 배낭여행을 갔대요. 유럽에 가니 키가 큰 사람들이 참 많았는데, 독일에 갔더니 평균 신장이 참 크고 할머니들의 키도 상당해서 친구의 눈높이와 비슷했대요. 난생처음 눈에 띄지 않는 평범한 키가 되니 참 신기하고 편했다고 하더라고요.

자, 그럼 여기서 잠깐 퀴즈! 독일 출신의 철학자 칸트는 키가 몇이었을까요?

참고로 칸트는 독일에서 '작은 거인'으로도 불린답니다.

우리만의 남다른 철학 레시피

칸트의 키는 약 158㎝예요. 뭐라고요? 엄청 기대했는데, 여러분보다도 작다고요? 맞아요. 칸트는 한국에서도 작은 키인데, 독일에서는 정말 체구가 작은 할아버지였어요. 그래서 세계의 3대 작은 거인이기도 해요. 키는 작지만, 독일 사상사뿐 아니라 서양 사상에 큰 영향을 끼친 인물이니까요.

그렇다면 나머지는 누구냐고요? 나폴레옹과 베토벤입니다. 나폴레옹은 168㎝, 베토벤은 161㎝였다고 합니다(자료에 따라서는 베토벤의 키가 168㎝이라는 이야기도 있습니다만). 그래도 그중에 칸트가 제일 작아요.

칸트는 규칙적인 생활로도 유명해요. 얼마나 규칙적이었는지 일어나는 시간, 식사하는 시간, 산책하는 시간, 취침 시간이 항상 정확했어요. 칸트가 지나가는 것을 보고 사람들이 시간을 점검했다는 일화는 여러분들도 들어 봤을 거예요. 작은 도시를 평생 벗어나지 않고 한곳에서 살며 규칙적인 생활을 한 칸트는 80세까지 건강하게 장수하였답니다. 여러분도 한번 규칙적인 생활을 실천해 보세요.

칸트의 사상 맛보기

'마땅히 지켜야 할 의무*에 따라 행위의 옳고 그름을 판단해야 한다.'는 이론을 의무론이라고 합니다.

의무론은 결과보다는 동기를 중시해요. 동기, 즉 이유가 중요하다는 것이죠. 또 '행위의 가치가 본래 정해져 있다.'고 보고, '진실을 말하는 행위는 옳고, 거짓말을 하는 행위는 그르다.'고 생각합니다. 그래서 아무리 좋은 목적을 위해서라도 옳지 않은 행위를 하는 것은 안 된다고 주장하는데, 이러한 의무론의 대표주자가 바로 칸트입니다.

칸트는 자연에는 자연의 법칙이 존재하듯, '인간이라면 누구나 지키고 따라야 할 도덕법칙이 존재한다.'고 생각했어요. 또 이러한 도덕법칙은 '마땅히 해야 할 바를 생각하고 그것을 스스로의 의지로 결단하는 능력'인 실천이성에 의해 세워진다고 보았어요.

인간은 자신의 본능적 욕구를 극복하고 실천이성이 스스로에게 부과하는 명령을 따를 수 있다고 생각했기에 칸트는 인간을 자율적 존재라고 보았고, 자율적 존재로서 인간은 선의지를 가지고 있다고 주장했어요.

선의지는 '절대적이고 무조건적으로 선한 것'으로 '옳은 행위를 오로지 그것이 옳다는 이유에서 받아들이고 따르려는 마음가짐'을 말해요. 다시 말해 선의지란 어떤 것이 의무, 즉 도덕법칙이기 때문에 그것을 하고자 하는 의지를 뜻해요. 칸트는 선의

---

* 의무(義務 옳을 의, 힘쓸 무): 사람으로서 마땅히 하여야 할 일.

우리만의 남다른 철학 레시피

지에서 비롯된 행위만이 도덕적 가치를 지닌다고 보았어요.

도덕법칙은 인간에게 명령과 같아요. 왜냐하면 인간은 본능적 욕구를 지녔기 때문에 선의지를 저절로 따를 수 없다고 보았기 때문이에요. 칸트는 이 도덕법칙을 '정언명령'의 정식으로 제시하였어요. 정언명령은 '무조건 ~하라'는 명령의 형식을 취합니다. 이 정언명령의 핵심은 준칙의 '보편화 가능성'이라고 해요.

나는 과연 거짓 약속이 의무에 맞는가 어떤가 하는 이 과제에 대한 답을 아주 간략하게 그러면서도 속임수 없이 제시하기 위해 나 자신에게 물어본다. 나는 (진실하지 못한 약속을 통해 곤경에서 벗어난다는) 나의 준칙이 (나뿐만 아니라 다른 사람을 위한) 보편적 법칙으로 타당해야 한다는 것에 정말로 만족할 것인가? 그리고 나는 누구든 그가 거기에서 다른 방도로는 벗어날 수 없는 곤경에 처해 있다면 진실하지 못한 약속을 할 수도 있다고 정말 나에게 말할 수 있는가?

– 칸트, 『윤리 형이상학 정초』

이처럼 우리는 어떤 행위가 도덕적으로 옳은지 그른지를 판단하려면 모든 사람이 그런 방식으로 행위하기를 원하는지 그렇지 않은지를 스스로 물어봐야 해요. 이는 또한 자신을 위한 예외를 만들어서는 안 된다는 것을 의미해요.

칸트는 도덕법칙으로서 정언명령을 "네 의지의 준칙이 언제나 동시에 보편적 입법의 원리가 될 수 있도록 행위하라."와 같은 정식(正式: 정당한 방식이나 방법)으로 제시하였어요. 또 욕구를 극복하고 자율적으로 보편적 도덕법칙을 수립하여 이를 따르려 하는 인간의 의지는 고귀한 것이며, 이러한 의지의 자율성을 인간 존엄성의 근거로 보았지요.

모든 인간은 절대적 가치를 지닌 인격체로서 그 자체가 목적이기 때문에, 다른 사람이나 특정 목적을 위한 수단이 되어서는 안 된다고 주장했어요. 그래서 "너 자신과 다른 모든 사람의 인격을 결코 수단으로 대하지 말고, 언제나 동시에 목적으로 대하도록 행위하라."고 하였어요.

인간이 인간다운 존재가 될 수 있는 것은 '자신의 욕구를 극복하고 도덕법칙에 따를 수 있기 때문이다.'라는 칸트의 윤리 사상은 도덕을 인간다움의 핵심적인 요소가 되게 함으로써 도덕이 갖는 중요성을 잘 보여 주었다는 평가를 받아요.

또 '준칙의 보편화 가능성'과 '인간 존엄성'을 도덕의무의 핵심에 놓음으로써 우리의 일상적인 도덕의식에 부합한다는 평가도요.

하지만 칸트의 철학은 지나치게 엄격하고, 구체적인 행위의 규칙을 제공하지 못한다는 점에서 비판받기도 해요.

●

칸트(Immanuel Kant, 1724-1804))

임마누엘 칸트
바로 알기!

칸트에 대한
더 깊이 있는
이론을 원한다면?

_____ 칸트의 생애와 기본 사상

대륙의 합리론과 영국의 경험론을 종합해 근대철학의 새로운 지평을 전개한 철학자로 평가받는 칸트는 1724년 동프로이센의 중심지였던 쾨니히스베르크(구소련의 칼리닌그라드, 현재는 구소련의 붕괴와 함께 다시 쾨니히스베르크라는 명칭을 회복)에서 출생했습니다.

그곳에서 고등학교와 대학을 마친 후 근처의 작은 마을에서 가정교사 생활을 하던 그는, 쾨니히스베르크대학의 강사 생활을 시작하게 되고 15년간의 강사 생활 후 1770년에 교수로 취임했습니다. 이때까지 그는 학위 논문이나 교수 자격을 얻기 위해서 요구되는 논문 이외의 글들을 발표하지 않았으며, 특히 교수 취임 후 10년간은 어떤 저술도 발표하지 않았습니다.

그리고 1781년 57세의 나이로 그는 드디어 자신의 비판 철학을 전개한 『순수이성비판』을 출판해 큰 명성을 얻게 되었습니다. 이후로는 계속해서 『프롤레고메나』(1783), 『도덕 형이상학 정초』(1785), 『실천이성비판』(1788), 『판단력 비판』(1790), 『이성의 한계 안의 종교』(1793) 등의 주요 저술들을 발표했습니다.

그는 계속해서 성실한 대학교수의 생활을 했으며 대학의 총장 자리에까지 올랐으나 1790년대에 들어서면서 노쇠의 기미를 보이기 시작했고, 1796년 정식으로 교수 자리에서 은퇴했습니다. 그 후 저술 활동을 계속하였으나 1804년 2월 12일 생을 마감하여 쾨니히스베르크 시내의 교회에 묻혔다고 합니다.

"나에게 항상 새롭고 무한한 놀라움과 존경심을 일으키는 두 가지가 있다. 그것은 하늘에 반짝이는 별과 내 마음속 도덕률이다."

그의 묘비명에 적힌 글귀이자 『실천이성비판』의 마지막 구절입니다.

그가 남긴 저술들은 칸트 학회가 설립된 이후, 1902년부터 곧바로 편집이 시작되어 현재에 이르러서는 33권으로 편집, 완간되었습니다. 그 내용은 모두 생전에 출판한 저술, 편지, 저술의 초고와 메모들, 수강생들이 기록한 강의록, 색인 등을 통해 구성되었다고 합니다.

칸트는 젊은 시절부터 건강이 좋지 않아 철저히 규칙적인 생활을 습관화했다고 합니다. 그는 평생에 걸쳐 하나의 루틴을 생활화했다고 전해지는데요. 아침 5시에 기상하여 7시부터 9시까지 강의를 하고, 점심 식사 후에는 오후 세 시 반에 산책했다고 전해져요. 또 취침 시간은 매일같이 정각 10시를 지켰다고 합니다. 그는 대학 생활을 시작한 이래로 단 두 번 시간적인 약속을 어겼다고 하는데요. 그중 한 번은 루소의 『에밀』을 읽다가 감동하여서 늦게 자고 늦게 일어난 것이라고 하지요.

그는 평생 독신 생활을 했으며 건강상의 이유와 여행이 무익하다는 생각 때문에 가정교사 시절 소읍에서 생활했던 것 이외에는 평생 단 한 번도 쾨니히스베르크시의 경계를 벗어난 일이 없다고 전해집니다. 그런데 놀라운 점은 학생들에게 자연 지리학까지도 강의할 정도로 독서를 통해 아시아와 아프리카에 대해서도 많은 지식을 지니고 있었다는 점입니다.

그의 강의는 매우 철저하게 준비된 명강의였으며 당시의 많은 학자가 그의 명성을 듣고 그의 강의를 수강하기 위해 쾨니히스베르크로 왔다고 하는데요. 매 강연마다 그는 학생들에게 '철

학 자체가 아니라 철학하는 것(philosophieren)을 배우라.'고 강
조하곤 했다고 전해집니다.

칸트의 사상 : **선의지와 의무**

칸트 윤리설의 출발점은 '선의지'와 '의무'를 이해하는 것이라
고 할 수 있습니다. 칸트는 '이 세계 안에서, 아니 이 세계 밖에
서조차도 우리가 무조건 선하다고 볼 수 있는 것은 오직 선의지
(ein guter Wille)뿐이다.'라고 강조하곤 했는데요. 칸트에 따르
면 인간의 행위는 의무로부터 행해졌을 경우에만 도덕적일 수
있으며 그러한 행동만이 무조건적으로 선한 '선의지'에 따른 행
위일 수 있다고 설명합니다.

그는 인간 행위의 도덕성을 평가하면서 그것이 의무라는 내
적인 동기에 따른 것인가 그렇지 않는가만을 평가의 기준으로
삼으며 그 외의 다른 요소들(예를 들면 그 행위의 결과나 행위
의 적합성 등)은 전혀 평가의 기준으로 고려하지 않았습니다.
이런 면에서 칸트의 윤리설은 '윤리적 동기주의' 또는 내적인
심정을 도덕성의 판단 기준으로 삼는 '심정 윤리학'이라고 불립
니다.

칸트의 사상 : **가언명령과 정언명령**

칸트는 명령을 가언명령(hypothetischer Imperativ)과 정언명
령(kategorischer Imperativ)의 두 종류로 분류합니다. '가언명령'

우리만의 남다른 철학 레시피

은 우리가 일상적으로 도달하기를 원하는 어떤 목표에 대해 가장 효과적인 수단을 추구하는 명령입니다. 반면 '정언명령'은 일상적인 목표와는 무관하게 어떤 행위를 그 자체만으로서 필연적인 것으로, 즉 행위의 수행이 곧 목표 자체임을 나타내는 명령입니다.

칸트는 모든 명령이 어떤 의미에서든 선의지의 원리에 따라 필연적인 행위를 규정한다고 말함으로써 선과 명령을 연결하여 설명하는데요. 이런 측면에서 보면 어떤 다른 목표를 추구해 달성하기 위한 수단으로서의 선을 명령하는 명령은 가언적이며 그 자체로서의 선을 표현하는 명령은 정언적입니다.

정언명령과 가언명령의 예시
 – 가언명령: '훌륭한 대학교에 입학하기 위해서는 공부를 열심히 해야 합니다.'
 – 정언명령: '인간은 생명을 존중해야 합니다.'와 같이 행위 자체가 필연적인 명령

정언명령에 전제되어 있는 실천 원리는 '도덕성의 명령'입니다. 도덕성의 명령은 정의상 어떤 목표나 의도의 제약도 받지 않으며 행위의 결과를 고려하지 않고 행위 자체를 직접적이고 무조건적으로 명령한다는 점에서 유일하게 정언명령에 속할 수 있습니다.

칸트는 정언명령을 설명함에 있어, 두 가지 정식을 설명하는데요. 여기에서 말하는 '정언명령의 정식'이란, '정언명령이 성립하기 위한 일종의 공식'을 설명하는 개념으로서 이해할 수 있습니다.

정언명령의 정식들	
① 보편 법칙의 정식	너의 준칙이 보편 법칙이 될 것을 그 준칙을 통해 네가 동시에 원할 수 있는 그런 준칙에 따라서만 행위하라.
② 목적 자체의 정식	너 자신의 인격에서나 다른 모든 사람의 인격에서 인간성을 단순히 수단으로써만 사용하지 말고 동시에 목적으로 사용하도록 행위하라.

이를 좀 더 자세히 설명해 보겠습니다. 먼저, 보편 법칙의 정식이란 흔히 정언명령의 형식을 규정하는 것을 의미합니다. 즉, 한 개인이 마음대로 선택할 수 있는 주관적인 도덕 규칙으로서의 준칙(Maxime)이 보편화 가능해야만 한다는 점을 지적하고 있는데요. 이는 정언명령 일반의 형식을 규정하는 전제의 역할을 하며, 칸트는 이 점을 강조해 보편 법칙의 정식을 '유일한 정언명령' 또는 '바로 그 정언명령'이라고 표현하면서 다른 정언명령의 정식들이 이로부터 '도출된다'라고 말하기도 합니다.

목적 자체의 정식은 정언명령의 구체적 내용을 규정하는 것을 의미합니다. 그리고 다른 정식들에 비해 덜 추상적이어서, 이것이 명령하는 바를 비교적 쉽게 파악할 수 있는 듯이 보입니다. 하지만 이 정식에 대해서도 여러 가지의 서로 다른 해석들이 존재합니다. 기본적으로 이 정식이 인간에 대한 존중을 명령

우리만의 남다른 철학 레시피

한다는 사실은 의심의 여지가 없습니다. 어떤 경우에도 인간은 다른 인간의 목적을 위한 수단으로 사용되어서는 안 된다는 것이지요.

칸트에 따르면, 각각의 이성적 존재는 자신의 의지의 준칙을 통해서 스스로를 보편 법칙을 세우는 존재로 간주해야 하며 또한 자신을 포함한 모든 이성적 존재를 수단이 아닌 목적으로 존중해야 합니다. 그렇게 되면 이런 이성적 존재들이 모인 공동체는 '목적의 나라'가 됩니다. 여기에서 '나라'라는 말은 공통적인 법칙을 통해서 서로 다른 이성적 존재들이 체계적으로 결합한 것을 의미합니다.

그리고 모든 이성적 존재는 이 목적의 나라에 한 구성원이 된다고 설명하는데요. 이때 이성적 존재는 자신이 스스로 보편 법칙을 형성하는 존재임과 동시에 이 법칙에 자신도 복종하게 됩니다. 즉, 이 목적의 나라의 입법자임과 동시에 법칙에 복종하는 자가 되는 것입니다.

●

존 롤스(John Rawls, 1921-2003)

보너스! 시험과 면접에
자주 나올거야!

다소 어렵고
딱딱한 내용이니
유의 바람

_____ 롤스의 기본 사상

"정의란 무엇인가?"

20세기 초반 영미 윤리학계를 지배했던 경향은 메타 윤리학이었습니다. 메타 윤리학의 기본 입장은 윤리적 언어와 논증을 상세히 검토한 후 더욱 확고한 논리적 기반 위에서 규범적 논의를 전개하려는 것이었지만 메타 윤리학이 제기한 문제들, 예를 들면 선(good)의 정의 가능성과 같은 문제들에 대해 오늘날까지도 어떤 합의된 결론에 도달하지 못한 채 논쟁이 계속되는 것도 사실이며 극단적인 형태의 이모티비즘은 윤리학의 성립 가능성까지도 회의하는 상황에 이르게 되었습니다. 따라서 20세기 초반의 영미 윤리학에서는 어떤 뚜렷한 규범 윤리의 체계나 이론을 발견하기가 어려운 것이 현실이었습니다.

그러나 이런 20세기 영미 윤리학의 분위기를 반전시키면서 규범 윤리학 및 정치철학에 대한 철학적 논의를 부활시킨 인물이 바로 롤스입니다. 그가 1971년 출판한 『정의론(A Theory of Justice)』은 '영미 철학의 정치 철학적 전통이 사멸되었다는 의혹에 대한 가장 강력하고도 설득력 있는 반박을 제공했다.'는 평가를 받으면서 '시지윅(Sidgwick)과 밀(J. S. Mill) 이래 출간된 모든 저술 중 규범 윤리학에 가장 크게 이바지한 것'으로 간주되기도 합니다.

특히 그의 『정의론』은 메타 윤리학 일색의 현대 영미 윤리학으로부터 규범 이론 및 정치철학에로의 바람직한 전환을 시도했으며 또한 이런 시도가 현대의 대표적 정치철학인 자유주의(liberalism)를 철학적으로 세련되게 옹호하는 시도로 평가됩니다. 그는 현대 민주주의 이념을 떠받치는 사회 정의의 여러 원칙을 분명히 제시했으며, 이런 원칙들이 합리적인 사람들 모두의 합의를 받을 수 있다는 점을 입증하려고 했습니다.

이런 롤스의 『정의론』이 출판된 이후 그의 이론에 대한 수많은 논의가 활발하게 이루어짐으로써 영미 윤리학계에 규범 윤리학에 대한 논의가 부활되었으며, 뒤이어 롤스의 주장에 반대하는 노직의 자유지상주의, 아리스토텔레스의 덕 윤리를 기반으로 한 매킨타이어의 공동체주의 등이 등장하면서 20세기 후반의 영미 윤리학계는 규범 윤리학의 측면에서도 풍성한 성과를 거두는 르네상스를 맞이하게 되었습니다.

롤스는 1958년 「공정으로서의 정의(Justice as Fairness)」라는 논문을 발표하면서 학계에 등장하기 시작했는데요. 그 후 정의론과 관련해 「분배적 정의(Distributive Justice)」, 「정의감(A Sense of Justice)」 등의 논문들을 발표했으며, 이를 통해 형성된 자신의 입장을 포괄적이고 체계적으로 제시한 것이 『정의론』입니다. 그의 다른 저술로는 『Political Liberalism』(1993), 『The Laws of People』(2001), 그리고 하버드에서 강의한 근대 윤리학사를 편집한 『Lectures on the History of Moral Philosophy』(2000)가 있습니다.

롤스는 『정의론』에서 자신의 기본 목표를 두 가지로 설정하고 있습니다. 첫째는 우리가 구체적인 상황에서 내리는 여러 가지의 심사숙고된 도덕 판단들과 부합하는 정의의 일반적인 원칙들을 명시하는 것입니다. 여기서 '심사숙고된 도덕 판단'이란 구체적인 행위, 법률, 정책, 제도 등에 대해 우리가 일반적으로 내리는 공정하고 일관성 있는 도덕적 평가를 의미합니다.

두 번째는 공리주의를 넘어서는 사회 정의론을 전개하는 것입니다. 특히 그는 고전적 공리주의와 평균적 공리주의를 논의의 대상으로 삼고 있는데요. 여기에서 고전적 공리주의란 한 사회의 체제와 제도가 공리를 극대화하는 경우에만 정당화될 수 있다는 이론으로, 사회 체제의 목표를 각 개인이 누리는 공리의 합계를 최대화하는 것, 즉 최대 다수의 최대 행복(공리)으로 보고 있습니다. 한편 평균적 공리주의란 각 개인에게 할당되는 평균 공리를 극대화하려는 이론입니다.

롤스의 사상: 사회의 기본 구조(social basic structure)와 정의의 원리

롤스는 새로운 이론을 제시하면서 사회의 기본 구조(social basic structure)에 대한 논의를 강조합니다. 정의는 단지 하나의 개념 또는 덕목이 아니라 법, 제도, 사회의 체제와 더불어 결단, 판단, 비난 등을 포함한 여러 유형의 구체적 행위들과 관련되는 것인데요. 그래서 이 밖에도 우리는 사람들의 태도 및 성향 그리고 사람 자체에 대해서도 그가 정의롭다거나 또는 그렇지 않다고 판단하게 된다고 합니다.

이런 모든 것과 포괄적으로 관련되는 정의에 관해 검토하려면 사회의 기본 구조를 논의의 대상으로 삼아야 하는데요. 이 점이 롤스의 정의론이 사회 정의론으로 해석되는 이유이기도 합니다.

롤스에 따르면, 정의로운 사회의 기본 구조는 '정의의 원리'를 따른다고 설명합니다.

롤스의 정의 원리		
제1 원리	최대한 평등한 자유의 원리(the Principle of the Greatest Equal Liberty)	
제2 원리	a	차등의 원리 (the Difference Principle) : 불평등은 정당한 관련 원리에 일관되게, 최소 수혜자에게 최대한의 이익이 되도록 조정되어야 한다.
	b	공정한 기회 균등의 원리 (the Principle of Fair Equality of Opportunity) : 불평등은 공정한 기회 균등의 조건하에 모든 사람에게 개방된 직책 및 지위와 결부되도록 배정되어야만 한다.

우선 제1 원리는 다음 두 주장을 함축합니다. 첫째는 각 개인
은 기본적 자유의 동일한 전체 체계에 대한 평등한 권리를 지닌
다는 것, 그리고 둘째는 기본적 자유의 전체 체계는 가능한 한
포괄적이어야 한다는 것입니다. 즉, 각 개인은 기본적 자유를
향유할 권리의 측면에서 평등해야 하며 그 기본적 자유의 체계
는 가능한 한 포괄적이어야 한다는 것이지요.

롤스는 기본적 자유에 속하는 것으로 다음과 같은 구체적 자
유들을 열거하였습니다.

① 정치적 과정에 참여할 자유(대표적으로 선거권 및 피선거권)

② 출판의 자유를 포함한 언론의 자유

③ 종교의 자유를 포함한 양심의 자유

④ 법률에 따라 규정된 신체의 자유

⑤ 임의 구속 및 체포로부터의 자유

⑥ 사유 재산권

물론 이런 자유들은 기본적인 것이기는 하지만, 한 개인이 독점적으로 무제한 누릴 수 있는 것은 아닙니다. 이런 자유는 항상 다른 사람의 자유와 양립 가능한 것이어야 하며, 그러므로 자유를 누릴 권리 또한 평등한 것이어야 하죠. 따라서 롤스는 자유를 누릴 권리의 공정한, 평등한 분배를 주장합니다.

한편, 차등의 원리 또한 분배의 문제와 관련되는데요. 제1 원리가 기본 가치 중 자유의 분배만을 문제 삼는 반면, 차등의 원리에서 분배의 대상은 재화나 소득과 같은 경제적 가치가 그 대상이 됩니다. 따라서 여기서 말하는 사회 및 경제적 불평등은 재화와 소득 등의 경제적 가치들의 획득의 불평등을 의미합니다.

그리고 최소 수혜자란 경제적 가치들을 가장 적게 획득하는 사람을 의미합니다. 여기서 롤스는 차등의 원리를 통해 재화나 소득 등을 사회적으로 재분배함으로써 발생할 수 있는 일종의 불평등은 이런 기본적 가치를 가장 적게 획득하는 사람들에게 최대의 이익이 될 수 있을 경우에만 정당화될 수 있다고 주장합니다.

그런데 여기에서 중요한 문제는 '최소 수혜자'의 기준을 어떻게 정할 것인가라는 것입니다. 이에 대해 다양한 기준과 논의가 있을 수 있지만, 롤스는 다음의 두 기준을 제시합니다. 첫째는 최소 수혜자는 사회적 지위의 측면에서 미숙련 노동자와 같은 지위를 갖는 사람 또는 미숙련 노동자의 평균 소득을 얻는 사람으로 규정할 수 있다는 것입니다. 그리고 둘째는 사회의 중산층이

얻거나 소유하는 소득 및 재화의 절반에 못 미치는 소득 및 재화를 갖는 사람을 최소 수혜자라고 규정할 수 있다는 것입니다.

롤스의 사상 : 공리주의의 비판

롤스의 목표 중 하나는 지난 2세기 동안 영미의 윤리학 및 정치철학을 지배했던 이념으로서의 공리주의를 비판하는 것이었습니다. 물론 그는 공리주의 이론이 분명히 대중을 사로잡을 만한 매력을 지닌다는 점을 인정합니다. 공리주의는 각 개인의 행복, 효용, 공리, 복지 등을 모든 사회적 · 도덕적 행위의 평가 기준으로 삼음으로써 상당한 설득력을 지니게 되기 때문이죠.

각 개인의 궁극적 목표와 행복 또는 복지는 서로 분리할 수 없는 밀접한 관련성을 지니게 되는데 공리주의는 바로 이 관련성을 가장 잘 포착한 이론입니다. 또한, 공리주의는 모든 행위와 정책, 의사결정 등을 공리 또는 효용의 극대화라는 단일한 기준으로 평가하는 장점을 지닙니다. 즉 공리주의는 개인의 행위, 사회적 목표, 어떤 집단의 의사결정 등을 평가하면서 각각 서로 다른 원리와 기준을 동원하는 다른 이론들에 비해 단일성, 일관성, 명확성 등의 관점에서 큰 장점이 있는 것은 분명합니다.

하지만 롤스는 공리주의가 상당한 문제점을 지닌다는 점을 날카롭게 지적했는데요. 이런 지적은 그가 주장하는 정의론의 가장 큰 특징이며 장점이기도 합니다. 롤스는 공리주의에 대해

우리만의 남다른 철학 레시피

다음 세 가지의 관점에서 비판을 제기합니다.

첫째, 공리주의는 정당함과 부당함에 대한 우리의 숙고한 도덕 판단에 어긋나는 규정을 포함한다는 것입니다. 둘째, 공리주의는 각 개인 사이의 차이를 간과한다고 설명합니다. 그리고 마지막 셋째, 공리주의는 어떤 과학적인 근거도 없이 공리들의 객관적인 측정을 시도한다고 비판합니다.

●

한스 요나스(Hans Jonas, 1903-1993)

보너스!
서양 철학가 더 알아보기!

한스 요나스가
더 궁금하다면?!

_____ 요나스의 기본 사상

"책임의 윤리"

『책임의 원칙(Das Prinzip Verantwortung)』(1979) 저술가인 한
스 요나스는 현대 윤리학의 저명한 철학자로 평가받습니다. 그
는 과학기술의 발전에 대한 윤리적 반성을 촉구하는 데 결정적
으로 기여하였으며, 실용적 지식과 대비되는 규범 지향적 지식

을 성공적으로 제공했습니다.

요나스는 과학기술 문명에 내재된 문제를 규범적으로 체계화하기 위해 '책임'이라는 개념에 주목하는데요. 그에게 '책임'은 개인 차원에 그치는 것이 아니라, 현대 과학기술이 지니는 가공할 만한 힘과 그것이 일으키는 위험에 대처하기 위한 실천적 개념을 포함합니다. 이와 함께 요나스는 인간을 '책임의 능력을 지니고 있으며, 당연히 책임을 져야 하는 존재'라고 규정합니다. 따라서 그 이런 능력을 소유한 인간이 기존의 행동을 지배해 온 원리에 대해 성찰하고, 과학기술시대에 필요한 올바른 행동원리를 탐구해야 한다는 점을 강조합니다.

요나스는 독일의 유대인 집안에서 태어나 프라이부르크대학과 하이델베르크 대학 등에서 철학과 신학 및 예술사를 공부하고, 1928년 하이데거의 지도 아래 그노시스 개념에 관한 논문으로 박사 학위를 받았습니다. 1933년 나치를 피해 런던으로 망명했고, 1년 뒤 다시 팔레스타인으로 이주하였는데요. 1939년 영국군에 자원입대하여 1945년까지 연합군의 장교로 복무한 후, 종전과 더불어 점령군의 자격으로 잠시 조국 독일에 머물렀습니다. 그 후 예루살렘에서 이스라엘 건국 운동을 주도하기도 하였는데요.

그리고 요나스 생애의 나머지 절반을 북미 지역에서 보냈습니다. 1949년에는 맥길(McGill)대학에 자리를 얻게 되어 캐나다의 몬트리올로 이주하였으며, 이후 오타와의 칼턴(Carlton)대학에서 철학과 신학을 가르쳤고 다시 뉴욕으로 이주하여 뉴스쿨 (New School)에 몸담았습니다(1954 – 1976).

1960년대부터 요나스는 생물학의 철학, 기술철학의 문제를 다룬 저술을 펴내기 시작했습니다. 그의 중요한 저술로는 『생명의 현상』(1966), 『책임의 원칙: 기술 문명시대를 위한 윤리학』(1979), 『기술, 의학, 윤리학: 책임의 원칙 실천에 대하여』(1985), 『철학적 탐구와 형이상학적 억측』(1992) 등이 있습니다.

전형적인 세계시민의 삶을 살았던 요나스는 1993년 50년 만에 고향인 통일된 독일을 방문했고, 독일의 철학 잡지와 인터뷰를 하기도 했다고 전해집니다. 인터뷰 직후 미국으로 돌아온 요나스는 1993년 2월 5일 뉴욕에서 생을 마감했습니다.

요나스의 사상 : **현대 과학기술에 대한 비판과 책임 윤리**

요나스는 현대 과학기술이 윤리학의 핵심적인 주제가 되는 이유를 다음과 같이 세 가지로 지적합니다.

첫째, 과학기술이 낳는 결과가 모호하기 때문이라고 주장합니다. 현대의 기술은 의도와 목적에 따라 선악이 결정되는 다른 능력들과는 달리, 의도와 목적이 아무리 선하더라도 얼마든지 나쁜 결과를 낳기도 합니다. 현대 기술이 낳는 결과에 대한 정확한 예측과 계산을 할 수 없고, 그 결과는 정확한 예측을 허용하지 않을 정도로 장기간에 걸쳐 영향을 미치기 때문에 선악의 결정은 더욱 어려워집니다. 따라서 실패보다는 성공 안에, 무

우리만의 남다른 철학 레시피

능보다는 지나친 능력 또는 권력 안에 위험성을 내포하는 현대 기술은 기존의 윤리학으로는 제대로 평가될 수 없습니다.

둘째, 과학기술의 적용이 강제적이기 때문이라고 설명합니다. 그에 따르면, 현대 과학기술은 더욱 새로운 가능성을 획득하기 위해 끊임없이 움직이지 않을 수 없도록 우리 인간을 강요합니다. 과학기술에 의해 제공되는 여러 가지 새로운 가능성이 열리면, 그것을 곧바로 적용하라는 요구가 발생하게 되어 제어하기 힘든 지속적 욕구로 자리 잡게 되는 것이지요. 현대사회에는 권력의 소유와 행사가 더 구별되지 않기 때문에 새로운 가능성과 수단의 획득을 끊임없이 강요받는 '윤리적 부담'이 등장하게 됩니다.

마지막 셋째, 과학기술 적용 범위가 시공간적으로 광역적이라는 점을 강조합니다. 과학기술은 공간적으로는 지구촌 전체에, 그리고 시간상으로 무수한 미래의 인류에게 영향을 미칠 정도의 인과적 연쇄를 지니고 있는데요. 현대 과학기술이 보유한 능력을 피해 갈 수 있는 사람은 아무도 없으며, 우리가 자신을 위해 지금 여기서 행한 행위가 다른 곳이나 후손에게 커다란 영향력을 행사하게 된다는 것입니다.

요나스는 이제 전통적인 윤리학에서 주장하는 '인간 중심주의적 독점'에서 벗어나, 윤리학의 대상이 '지구상에 존재하는 모든 생명체로 확장되어야 한다.'고 주장합니다. 하지만 요나스는 현대 과학기술을 무조건 거부하지는 않으며, 심지어 이런 일은 거의 불가능하다고 생각합니다. 또 요나스는 다른 사람의 고통과 권리에 관한 관심과 존중, 불의에 대한 분노와 개선 등을 포함하는 전통 윤리학을 무조건 거부한다는 의미는 아니라고 설명합니다.

하지만, 오직 인간들 사이의 관계 속에서만 성립된 전통 윤리학의 지평은 더욱 확대되어야 한다고 강조합니다. 윤리적 반성과 고찰의 대상은 이제 단순히 인간에게만 머물지 않고 지구상의 생태계와 그 안에 존재하는 모든 생명체로 확장되어야 합니다. '지구상에서 으뜸가는 권력을 소유한 자로서 인간은 더는 오직 자신만을 생각해서는 안 된다.'는 요나스의 말을 보면 그 함의를 이해할 수 있습니다.

현대 기술의 비약적 발전이 제공한 거대 권력을 손에 쥔 인간에게는 지금까지 없었던 새로운 의무, 즉 자연이 모든 생명체에게 부여한 고유한 목적 자체를 인정하고 존중해야 하는 의무가 부과됩니다. 인간은 다른 생명체와 생태계에 대해 독점적 권력을 행사할 수 있으므로 이런 새로운 의무를 피할 수 없습니다.

물론 요나스가 인간 이외의 다른 존재에 대한 의무를 강조한다고 해서 전통적인 인간에 대한 의무를 소홀히 한 것으로 오해되어서는 안 됩니다. 오히려 그는 윤리적 의무가 확대되는 예시 중 하나로서 '미래 인류에게 황폐한 자연을 유산으로 남겨서는 안 된다'는 사실이 일종의 '정언명령(칸트적인 무조건적 명령)'으로

우리만의 남다른 철학 레시피

포함됨을 설명합니다. 황폐한 자연과 다른 생명체는 곧 미래 인간 생명의 황폐화를 의미하기 때문입니다.

요나스는 현대 과학기술이 철학적 성찰의 대상이 되어야 하고 그렇게 하는 것이 철학자의 의무라고 보았습니다. 그런 의무를 적용하는 데 필요한 개념이 바로 '책임'입니다. 윤리적 능력으로서 '책임'은 책임의 당위성을 받아들이는 데서 출발합니다. 인간이 책임의 능력을 소유한다는 사실은 인간에게 책임의 당위가 주어져 있음을 의미하는 것입니다. 요나스의 책임은 인간뿐만 아니라 모든 유기체의 존속에 대한 책임과 관련되어 있습니다.

그는 책임의 원형을 묘사함에 있어 부모와 정치가의 책임을 비유합니다. 즉, 책임의 총체성, 연속성, 미래 지향성을 강조하는 것입니다. 이와 같은 요나스의 책임 윤리는 존재와 당위를 통일할 수 있게 하는 형이상학을 요구합니다. 그는 '존재 내의 목적의 내재성'을 주장하는데, 그는 존재의 의미로부터 당위를 끌어내는 추론 과정에서 삶이 죽음보다 우위에 있다고 보고 있습니다.

따라서 존재한다는 것은 가치가 있고 바로 이 가치 때문에 인간은 자연과 생명을 보전하고 보호해야 할 책임이 있다는 것입니다. 더구나 인간만이 자신의 행위에 질서를 부여하고 행위 권력을 통제할 수 있으므로 책임 윤리가 필요하고, 그런 능력 때문에 '존재하는 것에 대한 책임'은 인간에게 절대적 의무가 됩니다.

요나스의 기본적인 입장은 다소 약한 인간중심주의라 볼 수 있습니다. 그는 전통적인 윤리관이 인간 중심적이라고 강하게 비판하면서도 자연과의 공존은 책임의 능력을 갖춘 인간을 통하여 가능하다고 주장합니다. 인간만이 내재적 가치를 지닌 유일한 존재는 아니지만, 자연에 대하여 이성을 가진 도덕적 주체가 된 것을 요구할 수 없기 때문입니다.

약한 인간중심주의라고 표현한 것은, 인간이 환경문제의 원인을 제공했다는 점을 인정하면서도 이와 동시에 인간이 그 문제를 해결할 능력을 지닌다는 점에 주목하기 때문입니다. 이런 의미에서 약한 인간중심주의는 기존의 인간 중심주의와 생태주의가 가진 실천적 단점을 보완할 가능성을 지닙니다.

한편 요나스의 책임 윤리가 과학기술자의 책임에 대해 시사하는 바를 도출하면 다음과 같습니다. 첫째, 요나스의 책임 윤리는 지속 가능성(sustainability)에 주목하는 것으로 풀이할 수 있습니다. 그는 지금 우리 인간이 행한 행위가 다른 곳이나 후손에게 커다란 영향을 미친다는 점을 강조합니다. 특히 과학기술의 무분별한 발전은 자연의 본성을 침해하며, 인류의 생존이 위협받는다는 점에 주목합니다. 요나스가 자연과 인류를 주요한 책임의 대상으로 삼아 논의하는 점을 고려할 때, 지속 가능성의 의미도 자연의 지속 가능성과 인류의 지속 가능성을 포괄

우리만의 남다른 철학 레시피

하는 것으로 해석될 필요가 있습니다. 즉, 자연환경이 수용할 수 있는 범위 내에서만 과학기술의 발전을 도모해야 하며, 미래 세대가 존속할 수 있는 범위 내에서 현재 세대의 수요를 충족시키는 방향으로 과학기술의 발전을 추구해야 합니다.

둘째, 사전예방의 원칙(precautionary principle)에 관한 것입니다. 요나스의 책임 윤리는 '사후적 책임'보다는 '사전적 책임'에 무게를 둡니다. 그것은 그가 현대 과학기술이 유발하는 결과의 모호성을 지적하는 점이나 과학 기술적 행위가 미칠 수 있는 부정적 영향에 주목한다는 점에서 확인할 수 있습니다. 특히 그는 '공포의 발견술'이란 개념을 통해 앞으로 발생할 상황에 대해 미리 염려하고 스스로 책임 있는 사람이 되기 위해 노력할 것을 주문합니다. 이를 위해서는 확실한 과학적 증거나 정보가 부족하더라도 과학기술자의 활동이 환경, 건강, 안전에 심각한 손상이나 위협을 가할 가능성이 있는 경우에는 이에 대한 예방적 조처가 필요하다고 주장합니다.

셋째는 창조자(creator)로서의 책임에 관한 것입니다. 요나스는 책임 윤리의 전형으로 신생아의 예를 들고 있습니다. 여기에서 그는 부모의 책임이 총체적이고 연속적이며 미래 지향적으로 되어야 한다는 점을 강조하는데, 이런 논의는 과학기술자에게도 적용될 수 있습니다. 과학기술은 과학기술자가 만들어서 세상에 내놓으며, 과학기술자는 자신이 만든 것에 대해 창조자의 책임을 져야 한다는 것입니다. 부모가 자식을 잘 키울 책임이 있는 것처럼, 과학기술자도 자신이 만든 과학기술이 자연과 인류의 지속 가능성을 담보할 수 있는 방향으로 발전할 수 있도록 세심한 주의를 기울여야 한다고 주장합니다.

우리만의 남다른 철학 레시피

행복

_____ 매일매일 즐거워야만 행복한 걸까?

"매일매일의 삶이 꼭 재미있어야 할까요?
매일매일의 삶이 꼭 재미있어야 한다고 생각하나요?
매 순간이 재미있었으면 좋겠나요?"

하지만 중요한 일은 매일 반복돼요. 제시간에 일어나고, 규칙적으로 밥을 먹고, 매일 학교에 가는 등 사소해 보이는 우리의 일상은 매일 반복되지만 중요해요.

루틴(routine)은 같은 행동을 반복하면서 몸과 마음을 다스리는 일이에요. 우리의 삶에서 좋은 루틴을 생활화하는 것은 꼭 필요해요. 삶을 살아가면서 엄청난 재미를 느끼는 것은 사실 조금이랍니다.

"기본 전제를 한번 바꿔 보면 어떨까요?"

내가 그 안에서 재미를 찾는 것은 좋은 태도이지만 삶이 항상 즐거울 수는 없어요. 이를 인정하되 관점을 바꾸고 삶의 패턴을 한번 바꿔 보는 거예요. 작은 것에서 기쁨을 얻을 수 있을 때 행복은 배가돼요.

극적인 즐거움과 쾌락을 추구하는 것에서만 행복감을 느낀다면, 괴로워지기 쉬워요.

올바른 습관

_____ 좋은 습관을 생활화하는 방법

습관이란 나무와 같아요. 오랜 습관은 오래된 나무처럼 땅속 깊이 뿌리 내려서 그것을 바꾸기가 참 힘들어요. 흔들리지 않는 삶은 없지만, 뿌리가 튼튼하면 살짝만 흔들리고 곧 안정되어 그 자리에 곧게 서 있을 수 있어요.

또 탄탄한 삶을 원한다면, 더더욱 견고하고 탄탄하게 좋은 습관을 생활화하는 것이 중요해요.

"헛되이 보낸 오늘 하루는 언젠가 반드시 나에게 복수한다."

– 윈스턴 처칠

윈스턴 처칠의 이 말처럼 오늘 하루는 내 인생을 만드는 훌륭한 재료가 돼요. 내 생에 단 한 번뿐인 오늘이기에, 우리는 하루를 소중히 여기고, 자신이 내 삶의 주인이 되어야 해요.

'내 생각의 주인은 나'라는 확고한 의식을 바탕으로 스스로 행복을 선택하고 그에 맞추어 행동해 봐요.

크로노스와 카이로스

_____ 존재하는 것은 지금 이 순간뿐!

크로노스와 카이로스를 아시나요?

크로노스가 '흘러가는 시간', 즉 일상의 시간이라면, 카이로스는 '결정적 시간', 즉 몰입하여 마음을 온전히 다하는 순간을 말해요. 우리는 시간을 흘러가도록 바라만 볼 게 아니라, 명상과 집중을 통해 카이로스를 붙잡아 둘 수 있어요.

'세상에는 두 종류의 사람이 산다.'고 해요. '생각만 하다가 생각으로 끝내는 사람'과, '생각을 끄집어내서 현실화시키는 사람'으로요.

안 되는 이유만 늘어놓지 말고 되게 할 방법을 찾아봐야 해요. 존재하는 것은 지금 이 순간뿐이거든요. 인생의 순간순간을 붙잡아 음미하며 지금 이 순간에 집중하고, 몸에 익숙해진

잘못된 습관을 떨치기 위해 정성을 기울여 보세요. 정성을 기울이며 자신의 삶에 한번 집중해 보는 거예요.

_____ 집중력을 높이는 6가지 방법

집중력을 높이면 시간을 절약할 수 있어요. 시간이란 길이가 일정해 보이지만 누가 사용하느냐에 따라 늘어나기도 하고 줄어들기도 한답니다.

1. 뚜렷한 목표를 세워 봐요. 눈앞에 보이는 작은 목표와 앞으로의 큰 목표를 같이 세우면 더 좋아요.

2. 마감 시간을 정해 봐요. 1차와 2차로 정하고, 최소 1차까지는 할 수 있도록 자신을 독려해요.

3. 스스로를 칭찬하고 토닥토닥 격려해 줘요. 작은 보상도 좋아요. 보상을 통해 자신을 토닥토닥 칭찬하며 예뻐해 줘요.

4. 뇌에 충분한 에너지를 공급해 줘요. 먹는 것, 운동, 좋은 음악과 좋은 글들로요.

5. 자신감을 가져 봐요. 긍정에너지 뿜뿜! 할 수 있다는 말을 스스로에게 날려 줘요!

6. 쉴 때 쉬면서 휴식을 취해요. 중간중간 쉬어요. 하지만 핸드폰을 보는 것보다는 몸을 움직이는 게 훨씬 좋아요.

마음먹기와 Thank you!

> "다른 것은 다 던져 버리고 이 몇 가지만 꼭 붙잡도록 하라.
> 무엇보다도 각자는 현재라는 짧은 순간을 살고 있다는 점을
> 명심하라. 나머지 시간은 이미 살았거나 불확실하다."
>
> – 마르쿠스 아우렐리우스

마음을 단단하게 지켜 내려면? 먼저 흔들리는 '내 마음을 인정'해야 해요. 그러고 나서 감사를 통해 현재 상황에서 이점(利點)을 찾아내야 해요. 우리는 '감사'를 통해 어렵고 힘든 시기에도 편안함을 느낄 수 있고, 새로운 시각을 가질 수 있어요. 그런데 감사라고 하면 누구를 위해 왜 감사해야 하는지 의문을 가질 수도 있어요. 이를 이해하기 위해 '마더 테레사 효과'에 대해 살펴보겠습니다.

마더 테레사 효과란, 도덕적 인물의 행동을 보는 것만으로도 몸 안에서 긍정적인 효과가 나타나는 것입니다. 하버드대학교 의과대학 실험을 통해 밝혀진 것으로 남을 위해 봉사활동을 하거나, 심지어 선한 행동을 하는 것을 보기만 해도 인체의 면역 기능이 크게 향상되었어요. 이를 '마더 테레사 효과'라고 부릅니다.

감사하는 마음은 실제로 스트레스를 낮추어 주고 면역체계에

긍정적인 영향을 주어 내 몸을 더 건강하게 가꾸어 줍니다. 감사는 내 마음뿐 아니라, 내 몸의 통증을 완화하고 나를 건강하게 만들어 줘요.

사실 감사는 나 자신을 위해 하는 것입니다. 그리고 그 감사하는 마음은 주변에도 좋은 영향을 주지요. 감사란 슬픈 일이나 어려운 일도 전화위복이 되게 할 수 있고, 내 삶에 값진 경험이 되어 자신에게 유익하다는 사실! 잊지 마세요.

흔들려! 자꾸 흔들려!

_____ 흔들리는 마음, 동요(動搖)

한 늙은 아버지와 어린 아들이 노새 한 마리를 몰고 먼 길을 떠나게 되었어요. 한참을 가다 보니 다리도 아프고 허리도 아프고 힘도 없어졌어요.

그러자 어린 아들이 노새에 타고, 아버지가 노새를 끌고 가기 시작했죠. 그러자 지나는 길에 마주친 사람마다 한마디씩 하기 시작했어요.

"아버지를 극진히 모시지는 못할망정 늙은 아버지를 힘들게 한다."

"어린아이를 오냐 오냐 키우면 어쩌려고 저렇게 모시고 다

우리만의 남다른 철학 레시피

니냐."

"요즘은 저래서 효가 바로 서지 않는다."

사람들은 눈살을 찌푸리며 푸념하는 말을 쏟아 냈어요.

그래서 이번에는 아버지가 노새에 타고 아들이 노새를 끌고 갔어요. 그랬더니 이것을 보는 사람마다 한마디씩 했어요.

"어린아이가 저렇게 힘들어서 어떡하냐."

"늙은 사람이 분별력이 없다."

"본인만 편하려고 아이를 부려먹는다."

그러자 이번에도 안 되겠다 싶어 둘 다 노새에 타고 가기 시작했어요. 그러자 이번에는 사람들이 혀를 차며 말했어요.

"노새가 불쌍하다."

"나쁜 사람들이 동물을 부려먹는다."

마지막으로 이 부자는 이 말을 듣고 본인들은 서서 가고 노새를 함께 업어 이동하였습니다. 그러자 사람들은 쯧쯧거리며 이렇게 말했대요.

"바보 같으니. 노새를 타고 가야지, 노새를 업어 준단 말이오."

_____ 여러분이라면 어떻게 했을까요?

이 이야기는 무엇을 하든 누군가에는 좋지 못한 소리, 혹은 비난을 들을 수 있다는 의미예요. 상대방이 하는 말 중 꼭 새겨야 할 말은 자신의 상황을 돌아보는 데 잘 활용해야겠지만, 때로는 타인의 말에 연연하지 말고 담담하게 자신의 길을 걸어야 해요.

행복으로 가는 열쇠(Positive Psychology)

_____ 긍정적인 태도, 나 자신을 위해 필요해요

서점이나 도서관에 가 보면 자기 계발서, 심리 안정과 관련하여 다양한 책들이 출판된 것을 볼 수 있어요. 여러 책을 읽어 보아도 공통으로 이야기하는 내용이 있는데, 그중 하나가 긍정심리학이에요.

긍정심리학이란 인간의 정신적 고통에 관심을 두기보다는 '인간을 행복하게 하는 것'에 더 관심을 가져요. 즉, '어떻게 하면 우울에서 벗어날 수 있는가?'의 관점에서 벗어나 '어떻게 하면 행복해질 수 있는가?'에 초점을 두는 것이죠. 긍정적인 태도는 나 자신을 위해 꼭 필요해요.

'거울은 먼저 웃지 않는다.'라는 말이 있어요. 내가 먼저 나의 태도를 바꾸어야, 상대방도 내 삶도 달라진답니다.

우리만의 남다른 철학 레시피

생각을 조심하라. 그렇지 않으면 언제나 너 자신이 그것의
희생자가 될 것이다.

너의 생각을 조심하라. 생각이 곧 말이 되기 때문이다.

너의 말을 조심하라. 말이 곧 행동이 되기 때문이다.

너의 행동을 조심하라. 행동이 곧 습관이 되기 때문이다.

너의 습관을 조심하라. 습관이 곧 너의 성격이 되기 때문이다.

너의 성격을 조심하라. 성격이 곧 너의 운명이 되기 때문이다.

- 인디언 나바호족 명언

You and I

_____ 다른 사람들로부터 상처받을 때: 사람과의 관계

"상처를 받을 것인지 말 것인지는 내가 결정한다. 또 상처를
키울 것인지 말 것인지도 내가 결정한다. 그 사람의 행동을
어쩔 수 없지만, 반응은 언제나 내 몫이다."

- 김구

나와 사고방식이나 관점이 다른 사람은 항상 있어요. 그런
사람이 있을 때 굳이 그 사람에게 억지로 다가가 사귀려 할 것
도 없고, 또 심하게 피하려고 할 필요도 없다고 해요. 상대방을

내 마음에 고치려고 하지 말고 있는 그대로 인정하는 것이 자신을 위해, 또 상대방을 위해서도 가장 좋은 해결책이 될 수 있으니까요.

내 마음도 알 수 없고, 내 성격도 고치기 어려운 것이 사실입니다. 세상에서 가장 어려운 것이 마음을 바꾸는 것인데, 억지로 상대방의 성격을 고치려고 하는 것은 참 어렵겠지요. 김구 선생님의 말씀처럼 생각해 보면, 상대를 인정하고 나의 마음을 평화롭게 하는 데도 큰 도움이 될 거예요.

나를 위한 지혜

_____ 마음의 여유(餘裕)

餘 남을 여, 裕 넉넉할 유. 느긋하고 차분하게 생각하거나 행동하는 마음의 상태, 또는 대범하고 너그럽게 일을 처리하는 마음의 상태를 말해요.

"어떤 일이든지 여유로운 마음을 남겨 둔다면 하늘도 나를 시기하지 않고 귀신도 나를 해할 수 없다. 그러나 하는 일이 꼭 성공하고 최고가 되기만을 추구하려 한다면 안에서는 좋지 않은 일이, 그렇지 않으면 밖에서 좋지 않은 일이 생기게

우리만의 남다른 철학 레시피

될 것이다(內憂外患)."

어떤 목표를 향해 열심히 노력하고 그것을 꿈꾸었지만 원하는 대로 되지 않았을 때, 우리는 크게 실망하고 좌절해요. 우울한 기분이 들기도 하고 패자가 된 듯한 기분을 느낍니다. 모든 것이 귀찮고 다 놓아 버리고 싶은 마음이 들기도 해요.

그런데 무언가를 간절히 원하고 그것을 얻기 위해 노력하였는데 좌절하고 실망하는 것은 자연스러운 일일까요? 당연한 걸 물어보냐고요? 그러나 반드시 그런 것은 아니에요. 실망하고 좌절하는 것은 반드시 성공할 것이라는 욕심과 최고가 되리라는 욕심이 있었기 때문일 수 있어요.

물론 자신만의 기준과 꿈을 세워 놓고 목표를 향해 살아가는 것은 아름답지요. 그렇지만 반드시 해야겠다는 압박감이나, 자신의 상황보다 지나치게 높은 꿈이라면 나를 더 힘들게 하고 초라하게 만들 수밖에 없어요. 방향을 정했다면 힘껏 노력해 봐야 하지만, 그 결과에는 승복하는 자세가 필요해요. 또 『채근담』*
의 말씀처럼 마음의 여유를 갖는 것도요.

"하늘이 내 몸을 수고롭게 하면 나는 나의 마음을 편안히 하
여 수고로움을 보익하며, 하늘이 내 처지를 불우하게 하면
나는 나의 도를 형통하게 하여 불우함을 뚫고 나가니, 하늘

제2화 삶의 매운맛을 요리하기 위한 철학 레시피

인들 나를 어찌하겠는가?

사람이 나무뿌리를 씹어 먹을 수 있다면 모든 일을 해낼 수 있다. 고단한 삶을 온전하게 지켜낼 수 있는 지혜는 결코 멀리 있는 것이 아니다. 평범함, 그리고 그 속에 담긴 삶의 진실을 발견하는 일! 나무뿌리를 먹듯 담담하고 평범하게 세상을 마주할 수 있다면 누구나 자기 삶을 편안하게 영위할 수 있으리라!"

『채근담』은 유불도의 사상이 복합적으로 녹아들어 있어요. 서양의 『탈무드』와 쌍벽을 이루는 동양의 고전으로 평가받기도 해요.

모든 것이 내 뜻대로 되었을 때 마냥 행복할 것 같지만, 시간이 지나서 보면 그 일이 성공함으로써 훗날 재앙이 되어 내가 불행해지는 경우가 있어요. 또 실패한 일이 시간이 지나보니 오히려 그로 인해 더 좋은 대안을 찾아 멋진 결과물을 얻는 때도 있고요.

그러니 연연하기보다는 내가 최선을 다했다면 그 결과를 당당히 받아들여 보세요. 그리고 그 과정을 한번 즐겨 보세요.

나를 구성하는 세 가지

Being, Having, Doing! 사람에게는 이 세 가지가 필요하대요. 또 이를 어떻게 인식하고 활용하느냐에 따라 삶의 깊이와 질은 달라진다고 합니다.

첫째, Being! 나 자신을 올바로 인식하고 내 삶을 온전히 받아들이는 것입니다.

둘째, Having! 내가 가진 것이 무엇인지 알고 이를 적절히 활용하는 것입니다.

셋째, Doing! 나의 노력을 통해 실천하며 내 삶을 변화시키는 것입니다.

과거는 이미 가 버렸고, 미래는 아직 오지 않았습니다. 삶의 방향을 정하여 거기에 맞춰 하루하루를 성실히 살아가고 최선을 다했다면, 그것으로 충분해요. 이 하루하루가 모여 미래가 되고 내 인생이 됩니다. 흔히 과거에 얽매여서 힘들어하거나 삶을 회피하기 쉬워요. 혹은 미래만을 꿈꾸며 현실을 도외시하는 경우도 있어요. 하지만 현재 내 모습을 그대로 파악하고, 현재 나의 삶에 초점을 두고, 여기에 충실해서 살아야 해요. 이것이 현재를 살아가는 우리가 '행할 수 있는 최선의 방법'입니다.

우리만의 남다른 철학 레시피

"직접 만들어 보아요."

나는 누구인가? _'나'를 구성하는 세 가지

1. 내가 생각하는 나 Being은 무엇인가요?

2. 내가 가지고 있는 것 Having은 무엇인가요?

3. 내가 하고 있는 것 Doing은 무엇인가요?

내가 생각하는 매콤한 맛은?

우리만의 남다른 철학 레시피

제3화

삶의 조화로운 맛을
요리하기 위한
철학 레시피

3-1

슬기로운
갈등 극복법

"때론 두려움과
마주하라."

"이웃 사람이 말하고 행하고 생각한 것에 마음 쓰지 말고, 오직 자신이 행하는 것이 올바르고 신의 마음에 들도록 마음 쓰는 사람은 얼마나 많은 여가를 버는가.

선한 사람이라면 주위의 나쁜 성격들을 둘러볼 것이 아니라, 좌고우면하지 말고 목표를 향해 곧장 달려가야 한다.

헤매지 말고, 충동이 일 때마다 정의의 요구를 들어주고, 생각할 때마다 네가 명확히 이해하는 것에 의지하라."

– 마르쿠스 아우렐리우스

모든 순간이 즐거울 수는 없어요. 모든 날이 행복한 날이라면 좋겠지만, 그럴 수는 없습니다. 만족을 얻기 위한 가장 큰 조건은 먼저 '있는 그대로 받아들이는 것'이에요.

물론 두려움은 마냥 피하고 싶은 존재이지요. 하지만 때론 그 두려움과 마주해야 합니다. 계속 피하고 도망 다니다가는 두려움은 더 거치고 내게 남는 것이 없어져요. 그리고 새로운 것을 만나야 해요. 내 몸에 익히지 않은 것은 진정 자신의 것으로 만들기 위해 반복 연습하고, 자신을 돌아보는 것이 필요해요.

"그래도 자꾸만
화가 난다고요?"

"마음은 천국을 만들 수도 있고, 지옥을 만들 수도 있다."

– 존 밀턴

타인에 대한 미움을 어떻게 없앨 수 있을까요?

미워하면 대부분 나만 손해라는데, 나 혼자 참기에는 내가 더 손해인 것만 같고. 화는 나는데 무작정 참을 수는 없고요. 그런데 자꾸만 성질을 내면 내 성질만 더러워지기 딱 좋아요.

사실 이 화라는 것은 내가 생각해서 일어나는 것이에요. 상처 준 사람은 아무도 없대요. 상대방은 내게 상처 줬다고 생각하지 않거나 아예 모르기도 하거든요.

욕의 카타르시스도 있지만, 욕을 많이 하면 한 사람의 마음과 입만 더러워지기 좋아요. 욕을 하고 싶으면 혼자서, 분노의 일기장 같은 곳에 실컷 쓰고 내 맘속에 화를 다시 되새김질하지 않도록 하는 것이 중요해요. 밖으로 지속해서 내뱉는 것보다는요.

내 맘대로 안 되는 게 당연한 일!

사실 인생은 내 맘대로 잘 안 돼요. 어쩌면 당연한 건데, 사람들은 꽃길만 걷고 싶어 해요. 꽃길을 걸으면야 좋지만 사실 그건 아니거든요. 인생은 쓴데, 원하는 것은 높고 편하게 하려고만 하니깐 삶이 더 힘들어지는 거예요.

화가 자꾸 난다고요? 맞아요. 그럴 수 있어요. 하지만 그때마다 그 화에 휘둘려서는 해결이 안 돼요.

이럴 때는 '아! 또 내 마음에 이런 생각이 드는구나!' 하고 현재 나의 상황을 똑바로 바라봐야 해요. 즉, 인식해야 해요. 나만의 생각에 사로잡혀 있으면, 나 자신이 너무 힘들고 앞으로의 삶이 힘들어지거든요.

　　　　　　　　우리만의 남다른 철학 레시피

화를 가라앉히기 위해서는?

화가 난 내 마음과 그 당시의 상황을 사실 그대로 인정하는 것이 첫 번째예요. 그리고 상대방을 위해서가 아니라, 나 자신을 위해서 그런 생각을 바꾸는 것이 훨씬 효율적이에요. 내 맘대로 안되는 게 당연한데, 꽃길만 걸어야 한다고, 잘돼야 한다고 생각하니까 괴로울 수 있거든요.

나 자신을 위해서 또 원만한 관계를 위해서 최대한 긍정적으로 생각하고, 거기에 맞춰서 자신이 할 수 있는 적정선을 지키는 것이 참 중요해요.

나쁘게 생각하면 끝이 없어요

이미 저질러진 일은 자꾸 되새기지 말고, 목표와 방향을 정했다면 거기에서 내가 할 수 있는 일을 현재에서 집중해서 해야 합니다. 물론 이는 쉽지 않아요. 하지만 이렇게 생각하고 한 단계 한 단계 나아가며, 현재에 집중해야 우울해지지 않아요.

그리고 내가 최선을 다했다면 거기에 만족해야 합니다(만족은 말 그대로 발목까지 오는 물을 의미해요). 만족의 기준을 좀 낮추어 보고, 자기 자신을 현재 상태에서 받아들이고 인정해야 해요. 이는 노력을 통해 조금씩 조금씩 좋아질 수 있어요.

"누군가를 비판하고 싶어질 때는?"

"우리가 어떤 사람을 미워한다면 우리는 그의 모습 속에 바로 우리 자신 속에 들어앉아 있는 그 무엇인가를 보고 미워하는 것이다."

– 파울로 코엘료

누군가를 비판하고 싶어질 때 '세상 모든 사람이 네가 가진 장점을 다 가진 게 아니라는 사실을 기억하라.'는 말을 떠올려 보세요. 인간은 절대 완벽하지 않거든요. 완벽한 사람은 없어요. 완벽하다면 그건 신일 테지요.

세상에 아무리 좋은 사람이 있다 해도 그를 미워하지 않는 사람은 없으며, 그 사람 역시 누군가로 인해 고통받고 상처받아요. 인간이 희망이라지만 우리는 인간관계에서 기쁨도 고통도 느끼며, 천국과 지옥을 맛봅니다.

이때 필요한 것이 자기 연민과 타인에 대한 연민이 아닐까 싶어요. 나 역시 부족하고, 내 마음도 수시로 변화하듯, 타인에 대해 연민의 마음을 가질 수 있다면, 내 마음이 먼저 편해지고 타인에 대한 감정도 다소 수그러질 수 있어요.

우리는 인간이기에 완벽하지 않잖아요. 세상에 장점 없는 사람 없고, 단점 없는 사람도 없지요. 내 안의 나를 잘났든 못났든 사랑해야 하듯, 다른 사람에 대해서도 이러한 마음을 가질 수 있다면 분명 나의 마음은 편해지고, 다른 사람과의 관계도 조금은 더 매끄러워질 수 있을 거예요.

갈등

_____ 가족과의 갈등: 부모님의 잔소리가
너무 싫어요!

청소년기는 갈등이 극대화되는 시기입니다. 가정 내에서도 갈등은 더 커 가요. 이 시기는 갈등이 커지기도 하지만, 갈등을 어떻게 풀어 나가야 할지를 배우는 아주 중요한 시기이기도 합니다.

갈등은 '시키려는 자'와 '하지 않으려는 자', 혹은 '잔소리하는 자'와 '듣기 싫은 자'로 나누어 볼 수 있겠지요.

그런데 과연 잔소리는 무엇일까요?

잔소리는 '삶을 먼저 살아온 경험자로서 자기 삶에 대한 후회', 그리고 '자신이 겪은 시행착오와 어려움을 자식에게만큼은 겪게 하고 싶지 않은 마음'에서 나왔을 확률이 아주 높아요.

가장 가까운 것이 가족이라지만 가족도 사람이고, 가까운 사이라 해도 누군가를 이해한다는 건 정말 어려운 일이예요. 나는 잔소리가 너무 듣기 싫은데, 부모님은 자꾸 하니깐 여러분은 화가 나고, 부모님은 그런 여러분의 모습에 서운해하거나 더 심한 잔소리를 늘어놓을 수 있어요.

_____ 그럼 이 잔소리에 어떻게 대처하면 좋을까요?

어떨까요? 여러분이 먼저 평소와 사뭇 달라진 모습을 보여준다면? 그것도 지속적으로?

그럼 보통은 평소와 다른 여러분의 모습에 놀라게 될 거예요. 그리고 변화된 모습을 지속해서 보이면 여러분의 말은 전보다 힘이 생기고요.

그래도 자꾸만 화가 난다고요?

그렇다면 이렇게 한번 생각해 보면 어떨까요.

상대의 말에 짜증이 나는 것은 그 말의 내용 때문일까요, 태도 때문일까요? 대부분은 말하는 태도 때문인 경우가 많아요. 사람은 말투나 표정 같은 태도에서 감정을 읽고 영향을 받기 쉽거든요. 그래서 그로 인해 다툼이 벌어지는 경우가 많습니다. 나를 좋지 않은 표정으로 바라봤다거나, 말투가 기분이 나쁘다거나, 무시하는 기분을 받았다든가 하는 이유로요.

그런데 상대의 태도에 기분이 상하더라도, 그 말에 일리가 있다면? 한번 받아들여 보면 어떨까요. 사실 말하는 사람의 태도만으로 기분이 좋아지고 나빠지는 것은 미숙한 것이거든요. 상대의 말투가 기분이 나쁜 거지, 그 말의 내용마저 거부할 필요는 없으니까요. 그건 나에게도 손해가 되고요.

대개 나이가 들면 비판과 비난을 구별할 수 있어요. 비판이나 충고는 나의 발전에 꼭 필요해요. 그러니 나에게 필요할 비판이나 충고의 말까지 내가 기분 나쁘게만 생각하고 있는 건 아닌지 체크해 볼 필요가 있어요.

상대방의 말투가 부드럽고 듣기 좋다면 정말 좋겠죠. 하지만 모든 사람이 내가 받아들이기 편한 형태로 친절하게 충고하거나 조언해 주는 건 절대 아니거든요. 그래서 상대방의 말이 비판과 비난 중 어디에 속하는지 한번 생각해 보고, 그것이 나에게 필요한 충고라면 한 번쯤 받아들여 보세요. 자신을 위한 현명한 선택이 될 수 있을 테니까요.

우리만의 남다른 철학 레시피

· 후첨 레시피 ·

나를 바꾸는 첫 단계, 성찰

"성찰하지 않는 삶은 가치가 없다."

– 소크라테스

앞에서 살펴보았듯, 화는 내가 생각해서 일어나는 감정이랍니다. 내가 어떠한 마음을 먹느냐에 따라 화가 나지 않을 수도 있다는 말이에요.

세상에서 가장 어려운 일은 세상을 바꾸는 것이 아니라 나 자신을 바꾸는 것이라고 해요. 나를 바꾸기 위해서는, 먼저 자신의 삶에 관심을 가지고 잘 살펴봐야 해요. 자신의 삶을 성찰하는 것은 특별한 능력이 필요하거나 여유 있는 사람만이 할 수 있는 것은 아니에요. 누구나 의지와 마음이 있다면 할 수 있답니다.

"직접 만들어 보아요."

1. 성찰이란 무엇인가요?

2. 오늘 하루를 성찰해 봅시다.

2-1. 오늘 잘한 점은 무엇인가요?

2-2. 오늘 한 일이나 내게 일어난 일 중 아쉬운 점, 속상한 점은 무엇인가요?

3. 2-2에서 찾을 수 있는 교훈은 무엇인가요?

4. 내일의 나! 이 점을 기억하며 살아 볼래요.

네 마음을 적어 봐!

3-2

인간관계에
도움이 되는 자세

메인 레시피 1

"세상을 살아가는
가장 편안하고 즐거운 방법"

"좁은 길에서는 한 걸음 양보하여 다른 사람을 먼저 가게 하고, 맛있는 음식은 조금 덜어 다른 사람에게도 맛보게 하라. 바로 이것이 세상을 살아가는 가장 편안하고 즐거운 방법 중 하나이다."

"일상생활 속에 진정한 도리가 있다. 사람이 성실한 마음과 온화한 기색, 즐거운 얼굴빛과 부드러운 말씨로 사람을 융화시키고 뜻과 기개를 통하게 한다면 호흡을 고르거나 마음을 관조하는 것보다 훨씬 나을 것이다."

"삶을 살아가는 데에는 한 걸음 양보하는 것이 뛰어난 행동이니, 물러나는 것이 곧 나아가는 바탕이기 때문이다. 사람을 대할 때는 너그럽게 하는 것이 복이 되니, 남을 이롭게 하는 것이 실로 자신을 이롭게 하는 바탕이기 때문이다."

― 홍자성, 『채근담』

동양의 고전 『채근담』의 내용입니다. 삶을 살아가면서 나 자신과 상대방을 이해하고, 함께 살아가며 사회를 유지하고 지켜 나가는 것은 중요해요. 또 서로의 감정을 잘 이해하고 이를 표현하는 것도 사실은 참 중요한 일이죠.

인간관계란 바로 이런 것!

드라마 대사 중 기억에 남는 것이 있습니다.

"가끔 큰 시련이 오는 거. 진짜와 가짜를 구분하라는 신의 뜻이 아닌가 싶다."

이 말을 듣고 무릎을 탁 쳤어요. 저도 그랬으니까요. 내가 잘나갈 때는 사람들이 내 주변에 모여들어요. 그런데 어느 날 의도치 않게 내 상황이 바뀌고 어려워지면, 많은 사람이 내 곁을

휘리릭 떠나갑니다.

그때 알 수 있어요. 무엇이 '진짜'이고 무엇이 '가짜'인지를요. 꽤 씁쓸하고 적적한 일이지만, 시간이 지나면 이것이 지니는 나름의 가치를 알 수 있어요.

"남의 성격이 나와 같아지기를 바라지 마라. 매끈한 돌이나 거친 돌이나 다 제각기 쓸모가 있는 법이다. 남의 성격이 내 성격과 같아지기를 바라는 것은 어리석은 짓이다."

– 안창호

나와 잘 맞는 사람이라면 참 좋아요. 그 사람을 보는 것도, 이야기하는 것도 즐겁죠. 할 말도 많고 공감대도 많아서 서로의 생각을 공유하고 인정해요. 그런데 문제는 모든 사람과의 관계가 그렇지 않다는 거예요.

나는 매끈한 돌인데, 상대방은 거친 돌이라고 생각돼요. 반대로 그 사람은 자신을 매끈한 돌로, 나를 거친 돌로 볼 수 있어요. 서로 맞는 부분도 없고 마음에 들지 않아요. 티격태격 충돌하거나 미워지는 일도 많아요.

민족의 위대한 독립 운동가 안창호 선생님께서는 위와 같은 말씀을 남기셨어요. 저렇게 위대한 분도 이런 말씀을 하시는데 '인간관계란 정말 어려운 일이구나.'라는 생각이 들며 공감도 되고 위로가 됩니다.

사람을 사귈 때

'사람을 사귈 때는 나중에 쉽게 멀어지는 것보다 처음에 쉽게 친해지지 않는 것이 좋고, 일할 때는 나중에 힘들게 지켜 내기보다 처음에 서툴더라도 신중한 것이 낫다.'고 해요.

여러 조사를 살펴보면, 가장 좋다는 학교나 직장에 들어가서 성공해 보이는 사람들조차 '가장 당신을 힘들게 하는 것이 무엇이냐?'라고 물으면 1위가 '인간관계'인 경우가 참 많아요.

사람의 성향은 다양하고 그중에는 나와 잘 맞는 사람이 있는가 하면, 자주 부딪히고 준 것도 없이 밉거나, 혹은 잠이 오지 않을 정도로 갈등을 겪는 사람을 만날 수 있습니다. 사람은 다양한 성향과 특징을 가지고 있어요. 처음 보는 사람들과도 활기차게 웃으며 대화를 이어 나가는 사람들이 있는가 하면, 수년의 시간을 보내야 마음을 열고 함께하는 사람도 있습니다.

친구 관계, 사람과 만남을 생각하면 떠오르는 이야기가 바로 책 『어린 왕자』 속 여우와의 대화입니다.

여우는 어린 왕자에게 이렇게 말해요.

"네가 친구를 원한다면 나를 길들여 줘."

"너를 길들이려면 내가 어떻게 하면 좋니?"

"인내심을 가져야 해. 먼저 약간 떨어진 곳에 앉아 있어. 내가 너를 볼게. 하지만 말은 하지 말아 줘. 말은 오해를 낳으

우리만의 남다른 철학 레시피

니까. 매일매일 조금씩 가까이 와 주는 거야. 만약 네가 오후 4시에 오기로 한다면 나는 3시부터 행복해질 거야."

법정 스님의 말씀: 인간관계

법정 스님은 인간관계와 관련하여 이런 말씀을 하셨어요.

"함부로 인연을 맺지 마라. 진정한 인연과 스쳐 가는 인연은 구분해서 인연을 맺어야 한다. 진정한 인연이라면 최선을 다해서 좋은 인연을 맺도록 노력하고, 스쳐 가는 인연이라면 무심코 지나쳐 버려야 한다. 그것을 구분하지 못하고 만나는 모든 사람과 헤프게 인연을 맺어 놓으면 쓸 만한 인연을 만나지 못하는 대신에 어설픈 인연을 만나게 되어 그들에 의해 삶이 침해되는 고통을 받아야 한다.

인연을 맺음에 너무 헤퍼서는 안 된다. 옷깃을 한번 스친 사람들까지 인연을 맺으려 하는 것은 불필요하고 소모적인 일이다. 수많은 사람과 접촉하고 살아가고 있는 우리지만 인간적인 필요에서 접촉하고 살아가는 사람들은 주위에 몇몇 사람들에 불과하고 그들만이라도 진실한 인연을 맺어 놓으면 좋은 삶을 마련하는 데는 부족함이 없다."

불교의 '옷깃만 스쳐도 인연'이라는 말과 '잠깐의 인연도 이전 생에 많은 만남의 결과물'이라는 말에 익숙한 이들에게는, 법정 스님의 말씀이 조금은 의아하게 느껴질 수 있다는 생각이 듭니다. 하지만 사람들 사이에 살아가는 것이 인간(人間)이고, 또 사람과의 관계가 참으로 소중한 만큼, 인간관계 안에서 겪는 기대와 어려움 역시 크지요. 우리는 법정 스님의 말씀과 어린 왕자 속 여우의 말에도 귀 기울여 볼 필요가 있습니다.

우리만의 남다른 철학 레시피

메인 레시피 2

"따지는 게
꼭 정답은 아니야!"

여러분은 언제 싸우나요? 누군가에게 심하게 화를 내며 따졌던 일은요?

『채근담』을 살펴보면 위의 물음(따지는 게 꼭 정답은 아니야)에 대한 의미를 알 수 있어요.

이 고서는 중국 명나라 말기 홍자성의 저술로, '채근(採根)'이란 '나무뿌리를 캐서 씹어 먹는다.'를 의미해요. 즉, 나무뿌리를 캐어 씹어 먹을 기세로 삶에 임한다면 인생의 그 무엇도 헤쳐 나갈 수 있다는 말이지요. 이 책은 유불도의 사상이 한데 어우러져 있고 처세술 등 현대인들에게 교훈을 주는 여러 이야기를 담고 있어 지금까지도 많이 읽히고 있어요.

- 따지기를 좋아하는 것이 현명한 것은 아니다.
  따져야 할 때는 잘 따지고, 하지 말아야 할 때는 하지 않아야 현명한 것이다.

- 언제나 이기는 것이 용기는 아니다.
  이겨야 할 때 이길 줄 알 것이며, 이기지 않아도 될 때는 이기지 않을 수 있어야 이를 진짜 용기라고 할 것이다.

  ─『채근담』

사람과의 관계에서 상대방을 꺾어 나의 의견에 굴복시키는 것이 진짜 이기는 방법일까요? 내가 이기는 것이라고 여겼던 것은 '정말 이기는 것과는 상관없는' 나의 성질부림은 아니었는지, 그리고 이것을 이긴 것으로 착각한 것은 아니었는지도 생각해 볼 필요가 있어요.

시간이 지나 보면, 내가 오히려 거기서 그 사람에게 따져 묻거나 감정을 폭발시키지 않은 것이 훨씬 더 좋은 결과를 맺는 경우가 참 많아요.

어쩌면 '굽힐 줄 아는 것'이 '진짜 나의 자존심을 지키는 일'일 수 있답니다.

우리만의 남다른 철학 레시피

"이성이 먼저야?
감정이 먼저야?"

"인간의 가슴을 사로잡고자 하는 사람은 가슴의 법칙이 무엇
인지 먼저 알아야 한다."

– 데이비드 흄

흔히 인간을 이성적 동물이라고 해요. 주변 환경이나 자기
자신에 대해서 이성적으로 사고하며, 자기의 삶이나 주변 환경
을 변화시켜 나가지요. 우리는 이성적 사고 과정을 인간 삶의
중요한 단계의 하나로 배워 왔어요. 하지만 인간의 감정도 참

소중해요. 인간은 결국 감정대로 많은 것을 결정하고, 가슴이 원하는 일을 향해 움직이기도 하니까요.

지금까지 우리는 이성 중심의 사고를 강조한 철학자들을 주로 만나 왔어요. 하지만 이번에는 감정 중심의 사상가를 만나 보려고 해요. 바로 '데이비드 흄'입니다.

흄은 1711년 영국에서 태어났어요. '철학과 일반 학문 전반에 관한 연구를 제외한 어떤 것에 대해서도 참을 수 없는 혐오'를 느껴 자신이 선택한 철학의 길로 나아가려고 했다고 전해져요.

그의 유명 저서인 『인간 본성에 관한 논고』는 흄 자신의 평가에 따르면 '누구의 주목도 받지 못한 채 인쇄기로부터 바로 죽은 채 사라졌다.'고 해요. 하지만 이 책은 흄의 철학을 대표하며, 20대의 젊은이가 쓴 것으로 보기 힘든 '영국 경험론'의 위대한 고전이라고 평가받아요. 흄은 그 외에도 『인간 지성에 관한 연구』, 『영국사』, 『자연 종교에 관한 대화』를 펴냈습니다.

흄은 도덕에 있어 중요한 요인은 이성이 아니라 감정이라고 주장해요. 도덕에서 무엇보다 중요한 것이 실천인데, 도덕적 실천의 동기가 될 수 있는 것은 감정이 더 큰 영향을 끼친다고 보았어요.

도덕이 행동과 감정에 영향을 미치기 때문에, 결과적으로 도
덕은 이성에서 유래될 수 없다. 우리가 이미 입증했듯이 이

우리만의 남다른 철학 레시피

성은 홀로 영향력을 가질 수 없다. 도덕은 어떤 행동을 일으
키거나 억제한다. 도덕성의 규칙은 이성의 산물이 아니다.
도덕성은 판단된다기보다는 느껴진다는 것이 더 적절하다.

– 흄, 『인간 본성에 관한 논고』

흄은 경험론자이면서도 회의론을 철학적 방법으로 사용하였
고, 인간의 정서와 감정을 중요한 모티브로 삼아 도덕적 시인,
정서, 도덕적 보편성에 대한 이론을 펼쳤습니다. 이러한 흄의 사
상은 도덕적 정서와 공감을 강조하였고 경험을 중시하였어요.

개인의 의견이나 감정을 옳고 그름의 기준으로 삼는 것을 '개
인적 주관주의'라고 하며, 집단의 의견이나 정서를 옳고 그름의
기준으로 삼는 것을 '사회적 주관주의'라고 하는데 흄은 도덕적
판단의 기준을 사회적 정서와 시인에 두고 있는 면이 더 강하므
로 '사회적 주관주의 입장'에 서 있다고 볼 수 있어요.

이러한 회의적 경험주의의 사고는 훗날 경험론과 합리론의
종합으로 근대철학의 새 지평을 연철학자로 평가받는 칸트를
'이성의 독단'에서 깨어나도록 하는 데 결정적인 영향을 미쳤고,
이후 영국의 공리주의 형성에도 결정적 계기를 제공한 것으로
평가받아요.

흄은 인간의 감정에 대해 우리가 그동안 알아 온 것에 대해
기존과는 다른 평가를 해 주고, 감정의 보편성에 관해서도 이야
기했어요.

'이성은 정념(감정)의 노예일 뿐이고, 단지 노예이어야만 한다. 이성은 정념에 봉사하고, 복종하는 것 이외에 다른 어떤 임무나 권리도 탐내서는 안 된다.'

이성과 감정에 대한 여러분의 생각은 어떠한가요?
인간에게 중요한 것은 이성일까요, 감정일까요?

우리만의 남다른 철학 레시피

●

데이비드 흄 (David Hume, 1711–1776)

흄에 대한 깊이 있는
사상이 궁금하다면?

데이비드 흄에 대해
더 알고 싶어?

_____ 흄의 사상: 도덕적 보편성

흄은 로크, 버클리에 이어 영국 경험론을 대표하는 철학자 중 한 사람으로 일컬어지고 뛰어난 도덕 철학자로 평가받는데, 그가 도덕철학에 이바지한 바는 크게 두 가지로 나누어 살펴볼 수 있습니다.

첫째, 도덕의 근원에 대한 일련의 고찰들의 구성이며 둘째, 우리가 어떤 도덕 판단을 지지하는 근거가 무엇인지 지적한 것입니다. 흄은 도덕적 성찰에 대하여 본질상 이성보다 정념(감정)으로부터 도출됨을 주장하였고, 이성에 근거한 판단이나 행위에 대해 회의적인 태도를 보입니다. 또 공리주의적 사고를 제시했어요. 흄에 따르면 어떤 행위를 옳게 만들고, 그것의 수행을 우리의 의무로 만드는 것은 '공리'입니다.

즉, 그 행위가 공공의 이익과 전체의 행복을 증진할 수 있는 능력을 얼마나 지니는가에 기인한다고 보았어요. 또 이성에 반하여 정념은 우리의 의지에 영향을 미치며 우리로 하여금 행위를 하게 하는 것은 바로 정서적인 반응이라고 주장했습니다. 이성은 단지 정념에 봉사하고 정념을 지지하는 대상일 뿐이라고요.

그런데 이성이나 지성이 아닌 정념이나 감정을 행위의 동기나 근거로 생각할 경우 생기는 문제점은 정념의 객관성 또는 보편성을 확보하기 어렵고, 모든 도덕 판단 또는 행위가 단지 개인의 주관적인 정념을 반영하는 것으로 해석되어 이에 대한 도덕적 평가가 자칫 무의미해진다는 점이에요. 이에 대해 흄은 정념을 도덕적 근거로 삼으면서도, 이것이 도덕적 보편성에 이름을 주장합니다.

_____ 보편성의 근거

흄이 말하는 보편성의 근거는 다음과 같아요.

우리만의 남다른 철학 레시피

도덕적 특성은 이성적 능력의 발휘에 기초하는 것이 아니라 우리의 내면적 정서의 결과이며, 우리는 경험을 통해 받아들인 사실 중 일부에 대해 어떤 정서적인 반응을 보이는데 이는 단지 개인적이고 주관적이며 모든 사람에게 다르게 나타난다고 생각하지 않았어요. 왜냐하면, 도덕적 영역의 정서는 도덕적 시인과 부인의 정서이기 때문이에요.

　여기서 도덕적 시인(approval)이란 어떤 대상이나 행위를 도덕적으로 수용하고 인정하고 칭찬하고 권장하는 것으로, 선이자 덕이에요.

　반면 도덕적 부인(disapproval)은 어떤 대상이나 행위를 도덕적으로 거부하고 혐오하고 비난하고 금지하는 것으로 악이자 악덕으로 설명돼요.

　흄에 따르면 우리 주변에서 일어나는 여러 다양한 사건 중 일부는 단지 나에게만이 아니라 우리 모두에게 도덕적 시인의 정서를 불러일으켜요. 그리고 우리는 이에 대해 만족감과 편안함을 느끼고 이를 선이고 덕이라 부릅니다.

　반면 어떤 것들은 그 반대로 우리에게 불쾌감과 거부감을 느끼게 하는데, 이는 단지 나만이 느끼고 부르는 것이 아니라 우리 대부분이 그렇게 한다는 것을 발견할 수 있다고 흄은 주장했어요.

바람이 통하는 관계

_____ 인간관계의 적절한 거리

　제주도에서 한 달 살기를 한 적이 있어요.

　제주 안으로 깊이 들어가 보니 자연과 밀접한 삶을 사는 것이 무엇인지 알 수 있었습니다. 아침이면 숲속을 걸으며 차원이 다른 공기와 동식물의 움직임을 느낄 수 있었고, 해가 뜨면 문을 열고 해가 지면 문을 닫아 버리는 자연에 발맞춘 상점들에도 점차 익숙해졌어요. 그러다 보니 그렇지 않아도 겨울밤은 긴데 '제주의 밤은 더 길고 고요하구나!'라는 생각도 하게 되었습니다.

　제주에서 지내면서 대단하다고 느끼게 된 것 중 하나는 바로 '바람'이었어요. 보통의 바람도 상당 세서 놀라곤 했는데. 행여 센 바람이 몰아쳐 오는 날에는 몸을 가누기 힘들 정도였지요. 또 제주에 많은 것이 바람과 돌이라더니, 돌과 돌담도 참 많았어요. 구멍이 송송 뚫려 있는 돌들이 약간은 어설프게 켜켜이

쌓여 돌담을 이루어 집과 밭의 경계를 이루고 있었어요.

그런데 제주의 돌담은 왜 이리 빈틈이 많은 줄 아세요?

바로 바람이 통하기 위해서래요. 구멍이 송송 난 돌들이 서로 빈틈 있게 쌓여 있어야 강한 바람을 견뎌 낼 수 있데요.

인간관계도 사실 이와 비슷해요. 바람이 통하는 관계는 상대방과 나와의 관계 유지에도 필수조건이에요. 때론 뜨거운 열정도 좋지만, 건강한 인간관계를 유지하려면 밀착보다는 적절한 바람 통하기가 필요합니다. 상대방과 너무 친해지는 것이 위험해지는 경우도 있어요. 친해지면서 관계가 더 돈독해지기도 하지만, 관계에 균열이 생기면 그들에게 털어놓았던 내 고민거리는 나의 약점이 되고, 과장된 소문으로 나에게 되돌아오기도 하니까요.

내 약점을 알아도 그것을 지켜 주고 존중해 주는 친구가 있다면 정말 감사한 일입니다.

찐친구

_____ 좋은 친구를 만나는 방법

여러분은 '진짜 친구'가 뭐라고 생각하나요?

서로 도움이 되는 친구가 좋은 친구입니다.

세상에 일방적인 것은 없어요. 일방적인 관계는 절대 오래가지 않아요.

그렇다면 도움이 되는 친구는 어떤 친구일까요?

나에게 충고도 해 주고, 무슨 잘못을 하면 그러지 말라고 말려 주기도 하는 사람이 진짜 친구입니다. 내가 어려울 때도 함께해 주는 사람이죠.

진짜 친구는 나와 시간과 공간을 함께하며 부딪혀 보고, 또 나의 행동을 부추기는 친구가 아니라 내 잘못을 말려 주는 사람이에요.

그럼 좋은 친구를 만나기 위해서는 어떻게 해야 할까요?

직접 부딪혀 여러 친구를 만나 보고, 그들에게 내가 먼저 좋은 친구가 되어 주는 것입니다. 내가 먼저 좋은 사람이 되어야, 좋은 사람도 내게 와 오래 머뭅니다.

거울도 내가 먼저 웃어야 웃어 줍니다.

"친구를 보면 그 사람을 알 수 있다."

— 『명심보감』

"친구란 '괴로움과 즐거움을 함께 나누는 이'이다."

— 인디언 격언

우리만의 남다른 철학 레시피

"친구는 제2의 자신이다."

– 키케로(로마의 정치가, 학자, 작가)

"친구란 신중한 사람이 거리를 두고 자신을 훈훈하게 하는 불과 같은 존재이다."

– 쇼펜하우어

(쇼펜하우어는 여러 인도 종교의 영향을 받았는데, 그중 불교는 '괴로움'이 핵심이다)

"친구란 두 개의 육체에 깃든 하나의 영혼이다."

– 아리스토텔레스

"진정한 친구는 좋은 일이 생겼을 때 우리 곁에 있어 주는 사람들이라는 사실이지. 그들은 우리를 지지해 주고 우리의 승리를 함께 기뻐해 줘."

– 파울로 코엘료

"사랑한다는 것은 두 사람이 서로 마주 보는 것이 아니라, 같은 곳을 함께 바라보는 것이다."

– 생텍쥐페리

어떻게 살아야 하나요?

_____ 가치 있는 삶으로

"한 사람이 태어나서 자라고 늙어 가고 죽어 가는 모습을 아
주 많이 봐 왔어. 그래서 생각했지. 결국은 저렇게 죽을 걸
왜 애를 쓸까? 순서만 다를 뿐 결국은 늙고 주름져 사라질
사람들인데, 왜 저렇게 아등바등 전쟁 겪듯 악착같이 살까?
한발 떨어져서 바라본 지구인들의 삶은 한심하고 허무했어.
그런데 죽음을 생각하고 나서 깨달았어. 죽기 위해 사는 사
람은 없어. 살아가는 그 순간이 중요한 거였어. 그래서 끝이
정해져 있다고 해도 행복할 수 있는 거고, 살아갈 수 있는 거
였어. 간단한 건데 깨닫는 데 오래 걸렸다."

– 드라마 〈별에서 온 그대〉

수십 년 전의 사진인데도 여전히 세련되고 아름다운 오드리
헵번은 외모뿐 아니라 내면의 아름다움으로 후세 사람들에게
진정한 미인으로 남아 있어요. 아름다운 헵번의 말을 한번 들어
볼까요?

"매혹적인 입술을 갖고 싶으면, 친절한 말을 하세요.
사랑스러운 눈을 갖고 싶으면, 다른 사람의 좋은 점을 보

우리만의 남다른 철학 레시피

세요.

날씬한 몸매를 갖고 싶으면, 자신의 음식을 배고픈 사람들과
나누세요.

한 손은 자신을 위한 손이고,

다른 한 손은 다른 사람을 돕는 손이라는 것을 기억하세요."

미운 사람 죽이는 법

_____ 미운 사람 진짜 죽이기

"평생 사람을 죽이며 보내도 모든 적을 제거할 수는 없다.
그러나 내면의 분노를 진압한다면 진정한 적은 사라질 것
이다."

– 나가르주나

내가 적을 증오할 때, 적에게 나를 지배하는 힘을 부여한다
고 해요. 나의 수면과 식욕, 건강, 행복 등을 지배하는 힘을 말
이죠.

'그들이 나를 얼마나 걱정하게 하고 괴롭히며, 앙갚음하게 만
드는지 알기만 한다면, 적들은 기뻐 춤추리라!'라는 말도 있대
요. 적에 대한 나의 증오는 그들을 조금도 해치지 못하고, 오히

려 나의 낮과 밤을 지옥으로 만들 수 있으니까요.

예수님이 원수를 사랑하라고 하고, 부처께서 자비를 설파하신 것은 어쩜 건전하고 도덕적인 이야기만은 아니에요. 상당히 과학적인 근거가 있는 데다 나 자신을 보호하기 위한 하나의 혜안일 수 있으니까요.

_____ 미운 시어머니 죽이는 방법

옛날에 시어머니가 너무 고약하게 굴어서 정말이지 도저히 견딜 수가 없던 며느리가 있었어요. 사사건건 트집이고 매번 야단을 쳐서 나중에는 시어머니 생각만 해도 속이 답답하고 숨이 막혀 죽겠더래요.

시어머니가 죽지 않으면 내가 죽겠다는 위기의식까지 들게 되자, 이 며느리는 무당을 찾아갔어요. 무당은 이 며느리의 이야기를 곰곰이 듣더니 비방이 있다고 했어요. 이에 눈이 번쩍 뜨인 며느리가 그 비방이 뭐냐고 물었죠.

무당은 시어머니가 가장 좋아하는 음식이 무엇이냐고 되물었어요. 곰곰이 생각하던 며느리는 '인절미'라고 대답했어요. 그러자 무당은 앞으로 백 일 동안 하루도 빼놓지 말고 인절미를 새로 만들어서 인절미를 드리면 백 일 후에는 시어머니가 이름 모를 병에 걸려 죽을 것이라고 예언했어요.

며느리는 신이 나서 집으로 돌아왔어요. 찹쌀을 정성껏 씻고 잘 익혀서 인절미를 만들고는 시어머니께 대접했죠. 시어머니는 처음에는,

"이년이 곧 죽으려나, 왜 안 하던 짓을 하고 난리야?"

하며 의심하고 나무랐지만, 며느리는 아무 소리도 하지 않고 공손한 태도로 인절미를 해 드렸어요. 시어머니는 그렇게 보기 싫던 며느리가 매일 정성껏 맛있는 인절미를 만들어 드리자 마음이 조금씩 달라졌고 야단도 덜 치게 되었어요.

그렇게 시간이 지났고 한결같은 며느리의 모습을 본 시어머니는 하루도 거르지 않는 며느리의 마음 씀씀이에 감동해 동네 사람들에게 해대던 며느리 욕을 거두고 반대로 침이 마르게 칭찬을 하게 됐어요.

며느리는 사람들에게 자신을 야단치기는커녕 칭찬하고 웃는 낯으로 대해 주는 시어머니를 죽이려고 하는 자신이 무서워졌어요. 그래서 다시 무당을 찾아가 방법을 물었지요. 그러자 무당은 빙긋이 웃으며 이렇게 말했어요.

"미운 시어머니는 벌써 죽었지?"

싫은 사람을 죽이는 방법도 마찬가지예요. 떡 한 개로는 어렵죠. 적어도 며느리같이 꾸준하고 일관되게 상대방을 대하면 대부분의 미운 사람은 죽게 돼요. 꼭 무언가를 사 주는 것이 아니라, 그 사람이 필요로 하는 일을 성의껏 해 주고, 상대방이 믿지

만 칭찬할 일이 생기면 칭찬도 성심껏 해 줘 보세요. 이런 일들을 꾸준히 하면 미운 그 사람은 정말로 없어질 확률이 높아요.

사실 나와 매일 함께하는 공간에 싫은 사람이 있으면 정말 스트레스죠. 그리고 사람 관계에서 대부분은 내가 싫어하면 상대방에게도 그 마음이 전달돼요. 그래서 관계가 갈수록 불편해지기 마련이거든요. 그래서 우리에게 친숙한 '미운 놈 떡 하나 더 준다.'라는 속담이 생긴 것 같아요. 사실 미워할수록 내가 피곤하고 손해니까요.

긍정적인 사고가 건강에 좋다는 것은 알지만, 실천하기 쉽지 않은 건 사실이에요. 오늘도 쉽지 않지만, 그래도 한번 마음먹어 볼까요?

"옛다, 미운 놈아! 떡이나 하나 더 처먹어라."

괴로움과 상처

_____ 고민 활용법

괴롭고 힘들 때면 잠도 오지 않고, 머리는 아프고 우울해져요. 하지만 고민을 잘 활용한다면 내 삶에 활력이 될 수도 있고, 나를 지혜로운 길로 인도할 수 있어요.

누군가가 나에게 듣기 싫은 소리를 해요. 혹은 내 뒤에서 내

험담을 해요. 하지만 이렇게 생각해 보면 어떨까요? 상대방이 한 이야기 중 정말 모험에 가까운 이야기나 쓸데없는 소리라면, 집어치우고 빨리 신경 쓰지 않으려고 노력해야 해요. 하지만 그 중에 내가 새겨들어야 할 이야기나 사실이 있다면? 잘 생각해 봐야 해요.

한번 그 이야기를 내 집에 찾아온 손님이라고 생각해 보면 어떨까요? 좋은 사람이든 나쁜 사람이든 내 집에 찾아온 손님을 막 내쫓을 수는 없잖아요. 그런데 손님의 나쁜 말은 내 마음에 담지 않고 물리칠 수는 있어요. 그리고 그 어떤 순간에도 기억해야 할 핵심은 '나 자신'을 소중하게 생각해야 한다는 거예요.

만약 최선을 다해 노력해 보고, 여러 방법을 찾아보아 해결책을 마련해 봐도 되지 않는다면, 오랫동안 해 온 일이라도 관점을 바꾸어 새로운 길을 찾아보는 것도 하나의 방법이 될 수 있을 거예요.

무의식에 들기 전에

여러분은 잠자기 전 무엇을 하나요?

에디슨은 '잠재의식에 아무런 요청도 하지 않은 채 잠자리에 들지 마라.'고 하였습니다. 이건 꽤 과학적 근거가 있는 이야기예요. 우리의 수면 시간은 다 다르지만, 평균적으로 6~8시간 정도로 잡아 봐도 우리 삶의 4분의 1에서 3분의 1을 차지해요. 우리의 의식 아래에는 무의식이 깔렸는데, 이것은 빙산과도 같아요. 아주 거대하고 심오하죠. 이러한 무의식에 들어가기 전에 우리는 어떻게 하면 좋을까요?

"직접 만들어 보아요."

1. 잠자기 30분 전 뭐 해?

2. 잠자기 전 나의 상황과 의식 체크

2-1. 숙면을 위한 방법에는 무엇이 있을까요? (5가지 이상 적기)

2-2. 잠자기 전 내가 나에게 거는 주문 한마디!

3-3

행복을
얻는 방법

"행복을 말하면, 행복해진다!"

"인류가 발견한 최고의 깨달음은 인간은 자신의 태도를 바꿈
으로 말미암아 자신의 인생을 바꿀 수 있다는 것이다."

– 윌리엄 제임스[*]

미국을 대표하는 사상가로서, 그가 쓴 많은 용어와 그가 주장한 실
천적 신념들이, 19세기 후반 '미국의 생각'을 나타낸다고 말할 정도로

---

[*] 윌리엄 제임스: 미국의 실용주의 철학자(1842-1910)

미국 사회에 큰 영향력을 끼쳤다. 1842년 뉴욕에서 태어났다. 그는 유럽과 미국의 여러 곳에서 교육을 받았고 마지막에는 결국 하버드에 이르렀는데, 여기서 그는 퍼스와 홈스의 절친한 친구가 되었다. 1869년에 하버드 의과대학에서 학위를 취득했으나 그 후 3년간 우울증에 시달렸다. 1872년에 하버드에서 교수직을 얻었고 이후 거기서 그는 생리학, 심리학, 그리고 결국에는 철학을 가르치며 여생을 보냈다. 『심리학의 원리』라는 책으로 심리학자로서의 명성을 얻었고 이를 바탕으로 실용주의 철학의 보급에 힘을 썼다.

| 행복의 비밀은 이 세상의 모든 아름다움을 보는 것 |

"행복해서 웃는 것이 아니라, 웃어서 행복한 것이다(We don't laugh because we're happy, we're happy because we laugh)."

"인생이 살 가치가 있는 것이라고 믿어라. 그러면 너의 신념이 그러한 사실을 만드는 데 도움을 줄 것이다(Believe that life is worth living and your belief will help create the fact)."

"영혼이여, 너는 학대하고 있구나. 자신을 학대하고 있구나. 그러면 너는 자신을 존중할 기회를 다시는 갖지 못할 것이다. 우리 인생은 짧고, 네 인생도 거의 끝나간다. 하거늘 너는 아직도 자신을 존중하지 않고 타인들의 영혼에서 행복을 찾는구나!"

– 마르쿠스 아우렐리우스

사람들은 흔히 행복을 크고 거창하게 생각하고 있어서 행복을 쉽게 느끼지 못하고, 남과 비교하며 불행함을 쉽게 느낀다고 해요. SNS를 많이 하는 사람일수록 불행함을 느끼기 쉽고, 자괴감도 느낀다고 해요.

이전에는 각자 자신의 삶 영역에서 보고 듣고 살아왔다면, 요즘은 타인의 삶을 쉽게 볼 수 있고, 그들의 짧은 순간의 사진이나 동영상을 통해 그 사람의 순간을 전부로 생각하기 쉬우니까요. 누군가가 찍어 놓은 순간을 끊임없이 내 삶 전체와 삶을 비교하며 고통받는 것은 대단히 어리석은 일이 될 수 있어요.

행복은 소소한 것들이 모여 이루어지고, 하루하루의 삶이 모여 인생이 돼요. 내 삶을 보는 관점에 따라 삶은 달라지며, 지금 여기에서 내가 행복해야 해요. 기대가 클수록 실망하며, 고통받기 쉽고 행복은 멀어집니다.

나 자신을 있는 그대로 인정하고 받아들이며, 스스로 좀 더 너그러워져야 해요. 고통을 원하는 사람은 없습니다. 내가 너무 비교하고 기대하며 고통받고 있지는 않은지 한 번쯤 생각해 봐야 해요. '원하는 것에 매달려 울고불고하며 불행할 것인가? 아니면 작은 것에서부터 기뻐하며 행복을 즐길 줄 아는가?'는 중요한 삶의 선택입니다.

나의 의지와 상관없이 주변의 상황이 달라져 원하는 것을 이루지 못하는 경우도 많이 있어요. 멋진 꿈을 갖고 작은 것에서부터 실천하며 내 꿈을 이루기 위해 노력하는 것은 아름답지만,

그 과정에서 남과 비교하며 끊임없는 성찰이 아닌 자학으로 자신을 괴롭히는 것은 아닌지, 생각해 보는 것도 필요해요.

행복은 내 생각과 말과 행위에서 오는 것이므로, 나 자신과 주변을 잘 살필 줄 아는 지혜, 그리고 너그러운 마음이 참으로 중요해요.

〈행복한 사람이 되는 방법〉

1. 나 자신을 사랑해요.

2. 선택의 기준은 나! 다른 사람과 비교하지 않아요.

3. 과거에 얽매이지 않아요.

4. 새로운 경험을 즐겨요.

5. 다른 사람의 시선에서 벗어나요.

6. 미루지 않고 행동해요.

7. 내 안의 화에 휩쓸리지 않아요(화로 생긴 스트레스는 결국 나를 향하니까요).

"행복의 비밀은 이 세상의 모든 아름다움을 보는 것이다."

– 파울로 코엘류

"행복해서 웃는 것이 아니라 웃어서 행복한 것이다."

– 윌리엄 제임스

"남의 시선으로 나를 바라보지 마라. 인정받지 못하고 초라하게 느껴져도 나는 끝까지 내 편이 되어야 삶을 살아갈 수 있다. 당당한 마음이 인생을 바꾼다."

— 베르벨 바르데츠키

"마음을 고쳐먹으면 당신은 그 누구보다도 행복해질 수 있다."

— 리처드 칼슨

"행복하기만을 바란다면 쉽게 이룰 수 있을 것이다. 그러나 우리는 언제나 다른 사람보다 더 행복하기를 바라기 때문에 행복해질 수 없다."

— 샤를 드 몽테스키외

"행복은 맞춤옷과 같다. 불행한 사람들은 대부분 다른 사람의 맞춤옷을 입고 싶어 하는 자들이다."

— 칼 하인리히 바게를

행복은 멀리서 오지 않아요. 파랑새는 결국 내 곁에 있었던 것처럼요. 내 삶에서 긍정적인 측면을 찾을 수 있다면, 삶은 확연히 달라지며 감사할 것을 무수히 찾을 수 있어요. 인간은 누구나 행복하기를 원하고, 이 사실은 의심의 여지가 없어요.

그런데 행복이란 무엇일까요? 책『도덕 형이상학 원론』에서

임마누엘 칸트는 다음과 같이 말했어요.

"행복의 개념은 규정될 수 없는 개념이기 때문에 모든 사람이 행복에 도달하려고 함에도 자신이 바라고 원하는 것을 결코 규정할 수 없으며, 자기 자신과 일치를 이루어 말할 수 없다."

"꽃길만 걸으세요"와 행복의 상관관계

삶을 살아가면서, 내 뜻대로 모든 것이 되어 준다면 얼마나 좋을까요?

사람들 사이에 한창 유행했던 말이 "꽃길만 걸으세요."였어요. 우리 삶이 늘 꽃길로 가득하고, 늘 꽃길만 걸을 수 있다면 얼마나 좋을까요. 하지만 인생은 꽃길보다는 자갈길, 혹은 가시밭길이 더 많은 듯해요. 사랑받고 싶은데 상처받고, 배려해주고 도와주었건만 오히려 사람들에게 배신당하거나 뒤통수를 맞기도 해요. 우리는 살면서 크고 작은 고통과 마주합니다.

우리가 느끼는 이 고통의 원인 중 하나는 괴로움에 기인해요.

괴로움의 원인은 무엇일까요?

법륜 스님의 말씀이 생각나네요. 어떤 사람이 내게 욕을 해요. 그 욕을 들은 나는 황당하고 화가 나요. 그 욕은 누군가 내게 쓰레기 봉지를 건넨 것과 같아요. 그런데 나는 그 쓰레기를 버리지 않고 오히려 움켜쥔 채 "그 사람이 내게 욕을 했어."라고 계속 생각하고 화를 내지요.

이것은 상대방의 말을 마음속으로 간직하고 되새기며 평생 그 쓰레기를 뒤지는 것과 같대요. 상대가 쓰레기 봉지를 건네더라도 받지 않고, 무심히 받더라도 더럽다고 생각하고 바로 버려야 하는데 그것을 가슴속 깊이 간직하며 살고 있으니까 행복해지기 어렵다는 거예요.

아리스토텔레스는 인간 삶의 목표를 '행복'이라고 하였어요. 행복하기를 원하지 않는 사람은 아무도 없을 거예요. 단지 행복을 추구하는 방식이나 형태가 사람마다 다를 뿐이지요. 그런데 행복의 대부분은 마음먹기에 달려 있어요. 우리는 행복을 어떻게 추구해야 할지에 대해 철학자들의 명언과 사상을 중심으로 살펴보고 그 의미를 되새겨 볼 수 있어요.

행복 추구의 방법

_____ 마음의 평정을 유지하는 4단계 훈련법

마음의 평정 상태를 유지하기 위해서는 아래와 같은 연습과 훈련이 필요하답니다.

1. 자기 점검

하루를 마무리하기 전 그날 무엇을 했고, 무엇을 해야 했는지 떠올려 봐요. 이는 현재 상황을 점검하고 미래를 대비하는 데도 도움이 됩니다.

2. 기록하기

자신이 생각한 것과 경험한 것을 기록하여 객관화하고 자신의 경험으로 축적해요. 이때 중요한 것은 최대한 객관화하여 바라보고 기록하는 것이에요.

우리만의 남다른 철학 레시피

3. 멈추기

일종의 명상과도 같은데요. 잠시 생각과 말과 행위를 멈추고 호흡에 집중하면 좋아요.

4. 움직여서 행동하기

내가 생각하고 객관화하여 정리한 것을 바탕으로 해야 할 생각과 행동을 직접 실천해 봐요.

행복(쾌락)도 계산이 되나요?

_____ 벤담의 계산법

제레미 벤담(1748-1832년)은 영국의 보수적인 정치와 법률을 비판하며 '최대 다수의 최대 행복'을 추구하는 공리주의를 주장했어요. 또 인생의 목적이 쾌락에 있다고 생각했어요. 벤담에게 행복은 쾌락이고 불행은 고통이었지요.

그런데 여기서 중요한 건 행복이 한 사람 차원에서 그치면 안 된다고 생각한 거예요. 그래서 벤담은 여러 사람이 행복을 누리는 '공중적 쾌락주의'로 발전해야 함을 주장했지요. 그는 많은 사람이 행복을 느끼는 것을 옳은 것으로 생각한 거예요. 이런 이유로 벤담은 가장 많은 사람에게 최대의 행복을 주는 '최대 다수의 최대 행복'을 외쳤답니다. 이런 그의 철학을 '공리주의'라고 해요.

벤담은 올바른 행동이란 쾌락의 양을 늘리고 고통의 양을 줄이는 것이라고 했어요. 그는 쾌락의 양을 객관적으로 계산할 수 있다며, 쾌락 계산법을 내놓았지요. 그는 쾌락을 평가하는 기준으로 '강도, 확실성, 근접성, 다산성, 지속성, 순수성, 범위'라는 7가지를 꼽았어요.

여러분에게 중요한 행복(쾌락)의 기준은 이 중 무엇인가요?

회복탄력성

_____ 시련을 이겨 내는 마음의 힘

회복탄력성이란 '원래 제자리로 돌아오는 힘', '시련이나 고난을 이겨 내는 긍정적인 마음의 힘'을 말해요. 회복탄력성은 인간에게 닥친 역경과 어려움이 오히려 도약의 발판이 되어 다시 뛰어오를 수 있음을 강조합니다.

튀르키예 이스탄불에 가면 큰 시장이 있고 안에는 수많은 상가와 상인들이 밀집해 있습니다. 안쪽으로 가면 미로처럼 연결

우리만의 남다른 철학 레시피

되어 이곳이 어디인지 헷갈리고 길을 잃기 쉬운 곳도 있는데, 마치 오래전 아랍 시대로 돌아간 듯한 느낌을 줍니다.

이곳에 탁월한 재능을 보이는 장사의 귀재와 같은 한 상인이 있어요. 이 상인은 손님들에게 싹싹하게 말을 걸어 보이기도 하고, 매와 같은 눈으로 주변을 살피며 판매를 유도하기도 하죠. 그러면 손님들의 반응은 제각각이래요. 긍정적으로 반응하기도 하고, 화를 내기도 하고, 심하면 모욕을 주고 떠나는 손님들도 있어요.

하지만 이 상인은 손님들의 반응에 굴하지 않고 회복탄력성을 발휘합니다. 손님의 모욕적인 말이나 부정적인 반응을 마음에 담아 두지 않고, 재빠르게 원위치로 자신의 마음을 돌려놓고 새로운 시도를 하는 것이죠.

미국 뉴욕 한복판에서 '나와 포옹해 주세요'라는 피켓을 들고 한 남자가 서 있었어요. 지나가는 사람들은 처음 보는 이 낯선 남자의 포옹을 달가워하지 않았어요. (유명인도, 어린이도, 초절정 미남도 아닌 평범한) 이 남자는 포옹에 얼마나 성공할 수 있을까요?

놀랍게도 예상외의 많은 사람이 이 남자의 제안에 응해 주었습니다. 얼마나 응해 주었는지는 시간과 장소에 따라 달라질 수 있지만, 이 실험을 통해 알 수 있는 것 한 가지는 생각보다 '많은 시도를 하면 생각보다 많은 성공을 얻을 수 있다.'는 것이었습니다.

이는 사람들의 거절과 쌀쌀맞은 태도에 굴하지 않고 회복탄력성을 발휘해서 얻은 대가입니다.

여러분은 자신이 하고자 하는 일에 대해 얼마나 많은 도전을 해 보았나요?

> "가장 두려워했던 실패가 현실로 다가오자 오히려 자유로워질 수 있었습니다. 실패했지만 저는 살아 있었고, 사랑하는 딸이 있었고, 낡은 타자기와 엄청난 아이디어가 있었죠."
>
> – 『해리 포터』 작가 조앤 롤링의 하버드대 연설

'하고 싶은 일'과 '하기 싫은 일'

_____ 삶의 긍정적인 변화를 원한다면

세상에는 '하고 싶은 일'과 '할 수 있는 일'이 있다고 해요. 가장 바람직한 현상은 '할 수 있는 일'이 '하고 싶은 일'로 바뀌는 것이겠지요. 대부분 멋있게 시작하지만, 끝을 멋있게 마무리하는 사람은 많지 않아요. 작은 일이라도 매듭을 지어 완성하는 것이 좋습니다.

성공하는 사람들의 삶은 의외로 단순 명료한 경우가 많아요.

우리만의 남다른 철학 레시피

내 삶의 카테고리를 나눠 보세요. 공부하거나 일하는 시간, 운동하는 시간, 다른 사람과 함께하는 시간, 자기 계발의 시간 등으로요. 하수가 아니라 고수가 될수록 삶은 더 단순해지고, 단순함 속에서 멋짐이 나옵니다. 하지만 일정한 경지에 이르기 위해서는 한동안 치열하게 매달려야 해요.

김연아 선수의 이야기를 아시나요? 항상 그 시간에 나와 매일 매일 연습하는 독종 같은 김선수에게 사람들이 물어봤대요. "왜 이렇게 열심히 해요? 왜 그렇게 또 해요? 힘들지 않아요?"라고요.

그러자 김연아 선수의 대답은 아주 단순했어요.

"그냥 해요. 해야 하는 거니까요."

정말 단순하고 깔끔하지요? 목표를 정하고 고민 끝에 해야할 일을 계획했다면? 그냥 하는 거예요. 마치 앞만 보고 달리는 경주마처럼요.

남들과 다르게 살기를 원한다면 자신의 목표가 비범하다면 때론 평범함을 거부할 줄 알아야 하고, 자신의 삶을 좀 더 행복하게 살아가기 위해서는 긍정적인 시각을 지닐 필요가 있습니다. 즉, 내가 살아가는 이 세상을 최대한 좋게 바라보는 것이죠.

영화 ⟨I feel pretty⟩를 보면 주인공은 분명 같은 한 사람이지만 자신을 어떻게 바라보고 생각하느냐에 따라 완전히 다른 삶을 살아가요. 단지 자기 자신을 이전보다 아름답고 멋진 사람이라고 생각한 것뿐인데 말이죠.

주인공의 이런 당당한 모습에 '보통 사람들은 자신의 근사한 점은 보지 않고 부족한 면에 집중하는데, 당신은 자신의 장점을 잘 알고 사랑할 줄 아는군요. 다른 사람의 평가에도 연연하지 않고요.'라며 놀라워합니다.

당신은 어떤가요? 내가 가진 것이 무엇이든 내 환경이 어떠하든 한번 좋은 점을 찾아보세요. 긍정적 시각으로 나를 바라보고 세상을 바라보며 살아가다 보면, 분명 인생은 긍정적 방향으로 변화합니다.

아름다움은 반복을 통해 이루어집니다. 긍정적인 시각과 자기 관리, 그리고 좋은 습관의 반복을 통해 여러분의 삶을 멋지게 변화시켜 보세요.

우리만의 남다른 철학 레시피

오프라 윈프리

오프라 윈프리는 '미국 토크쇼의 여왕'으로 불리며 세계에서 가장 영향력 있는 100인 중 한 명으로 꼽힐 만큼 엄청난 영향력을 지닌 인물입니다. 그녀의 말에 수많은 사람이 움직이고 미국의 정·재계에 영향을 줄 정도니까요. 그뿐만 아니라 큰 부와 명예도 가진 세계에서 가장 유명하고 힘 있는 사람이에요.

하지만 그런 오프라도 10대 시절 굉장히 방황하였어요. 지독히 가난한 집에서 사생아로 태어나 힘들고 어려운 유년기를 보내야 했고, 흡연과 마약 등으로 청소년기를 보내다 임신을 하고 미혼모가 됩니다. 하지만 그런 암흑 같은 삶 속에서도 오프라를 지탱하는 것 중 하나가 있었습니다. 바로 꾸준히 일기를 쓰는 습관이에요. 그녀의 일기는 아주 간단합니다. 하루 동안 일어난 일 중 감사한 일 다섯 가지를 찾아 기록하는 것이지요.

오프라는 일기를 쓰며 자신이 무엇을 원하는지, 그것을 위해 무엇을 해야 할지 항상 스스로에게 물었습니다. 그녀의 일기는 아주 소소해요. 한번 살펴볼까요?

1. 시원한 바람을 맞으며 해안을 달린 것

2. 햇살 아래 벤치에 앉아 차가운 멜론을 먹은 것

3. 친구와 신나게 수다를 떤 것

4. 달콤하고 시원한 아이스크림을 먹은 것

5. 시인 친구가 새로 쓴 시를 전화로 들려준 것 – 1996년 10월
   12일

우리만의 남다른 철학 레시피

"직접 만들어 보아요."

1. 여러분은 일기를 쓰나요? (o/x)

2. 얼마 만에 한 번씩 일기를 쓸 수 있어요?

3. 만약 오늘 오프라 윈프리처럼 감사일기를 쓴다면?

    1.

    2.

    3.

    4.

    5.

4. 감사일기를 꾸준히 쓸 때 내 삶의 긍정적인 변화는 무엇일까요?

내가 생각하는 조화로운 맛은?

우리만의 남다른 철학 레시피

행복은
말하는 대로!

10대들의 이야기

'규리' 학생의 글

청소년기에는 급격한 신체적 성장과 인지적 · 사회적 발달로 인해 다양한 스트레스를 경험하며 심리적 고통과 정서 조절의 어려움을 겪을 수 있어요. 그중 우울은 걱정과 근심 등으로 슬픔과 활기가 없는 정서 상태를 말합니다. 이는 누구나 흔하게 경험할 수 있는 감정이지만 외로움과 슬픔, 사고력과 주의력 저하, 불면증 등 인지적이고 신체적인 증상이 함께 나타나 삶의 질과 만족도, 일상생활에 영향을 줄 수 있어요.

청소년에게 나타나는 우울의 원인은 내외적 · 가정적 · 사회적 원인으로 찾아볼 수 있는데 내적 원인으로는 타인의 평가나 반응에 대해 민감하거나 취약하고 자기 비난을 반복적으로 하는 경우, 자신의 미래나 주변 환경 등에 대한 부정적인 인식 혹은 왜곡이 심한 경우를 들 수 있습니다. 또 가정적 원인은 부모를 향한 친밀감과 존경이 낮거나 부모를 엄격하다고 판단하는 경우, 부모의 양육 태도가 일관적이지 못하거나 과잉기대를 하는 경우, 부모의 우울함이 높거나 이혼 또는 갈등이 있는 경우

우리만의 남다른 철학 레시피

입니다.

그리고 외적 · 사회적 원인은 학업 스트레스와 낮은 학업 성취도, 만족도 그리고 사제, 교우 간의 부적응과 따돌림, 친밀감의 수준 등을 확인할 수 있어요. 위와 같은 사례에서 원인을 찾을 수도 있겠지만 당연히 외에도 다양한 이유가 있고 자신조차특정할 수 있는 원인이 있을 것입니다.

이렇듯 감정을 한 단어로 표현할 수 있는 것에 비해 그 원인은 다양하게 나타나요. 만일 비슷한 결의 원인이라도 개인에게작용하는 깊이와 방식이 다를 수 있어요. 그렇기에 다른 사람이감정의 방향을 돌리는 데 효과를 본 방법이 자신에게 적합할 것이라 확신할 수는 없어요.

그렇다고 시간과 소비되는 것들을 이유로 감정을 포기하는것도 옳지 않아요. 그렇지만 우울감을 대처하려 몇몇 방법을 취하였는데도 달라진 것이 없을 수 있습니다. 이런 경우엔 전문가와 상담을 받는 것이 좋을 것입니다. 자신에게 맞는 상담사를찾고 대화하는 건 힘들 수 있어요. 하지만 내적 외적 방법을 함께 찾아 시도해 보는 것도 나쁘지 않아요.

'예주' 학생의 글

여러분은 닉 부이치치라는 사람을 아시나요? 그는 오스트레일리아에서 태어난 목사이자 동기부여 연설가입니다. 또 그는선천적으로 사지가 존재하지 않는 사지 절단 장애인(팔다리 네

개가 모두 없고 몸통만 남아 있는 상태)이기도 하지요.

이렇다 보니 그의 삶은 어려움과 고난들로 가득 찼습니다. 닉은 학교에 다니면서 심한 따돌림을 당하게 됩니다. 하루하루 반복되다 보니 극심한 우울증에 시달리게 되었고, 8살이 되던 해에 그의 눈앞에 자살이라는 것이 보이기 시작했습니다.

그러나 그의 삶은 달라지게 됩니다. 닉의 어머니는 닉에게 지체 장애를 극복한 남자에 관한 신문 기사를 보여 줍니다. 이로 인해 닉은 장애에 대한 편견과 차별 때문에 어려움을 겪고 있는 이가 혼자만이 아니라는 것을 깨닫습니다. 이것은 닉에게 세상을 바라보는 눈이 완전히 달라지게 하는 전환점이 됩니다. 사지가 없다는 부끄러움과 절망감이 아닌, 사지가 없어도 무엇이든 할 수 있다는 자신감과 희망으로 바뀌게 된 것이지요.

저는 닉 부이치치에 대해 알아보기 전에 이런 생각을 했었습니다. 제가 만약 닉 부이치치와 같은 사지 절단 장애인이었다면, 저는 닉 부이치치처럼 힘듦을 극복하지 못했을 것 같습니다. 장애를 가지고 있지 않은 사람과 나 자신을 비교하면서 우열을 가리고, 사람들의 시선에 '나는 왜 이럴까?'라는 생각이 들면서 자신감은 사라져만 가고, 긍정적인 사고를 하지 못하는 삶을 살아갈 것 같아요. 하지만 닉 부이치치의 여러 정보를 보다 보니 제 생각이 바뀐 것 같습니다.

어쩌면 이런 생각이 바보 같은 생각일지도 모른다고 생각했습니다. 왜냐하면, 장애를 가지고 있지 않아도, 이미 끊임없이

우리만의 남다른 철학 레시피

경쟁해야 하는 사회 속에서 남들과 나를 비교하며 우열을 가리고, 나 자신에 대해 부정적인 생각을 가지기 십상이기 때문입니다. 오히려 나보다 장애를 극복하고 자신감과 도전 정신을 얻었으며, 불가능하다고 생각되는 일을 스스럼없이 몸소 사람들에게 보여 줌으로써 자신감과 도전 정신을 불어넣어 주려는 닉 부이치치가 더 행복한 삶을 살고 있을 수도 있다는 생각이 듭니다. 또 자신이 가진 장애에 굴복하지 않고 극복하여 사람들에게 수영하는 모습이나 발로 글을 쓰는 모습, 넘어졌다 다시 일어서는 모습을 보여 주는 것들을 보면 마음가짐의 중요성을 다시 한 번 느끼게 됩니다.

닉 부이치치에 대해 알아보면서 배운 것이 참 많은 것 같습니다. 마음가짐이 어떠냐에 따라 나 자신이 바뀐다는 것, 자신감에서 나오는 망설임 없는 도전 정신은 할 수 있는 것을 늘려 나가는 것임을 느꼈습니다. 닉 부이치치를 직접 만나 강연을 듣지 않고 그의 영상만 보아도 무언가 하고자 하는 욕구가 생긴 것 같아요. 닉 부이치치! 감사합니다.

10대의 고운 눈과 손으로 도움을 준 봄, 서연, 예은, 지우에게 감사의 마음을 전합니다.

소중한 당신을 위한 100가지 명언

1. 진헌창 : 사람에게 허물 많은 것이 부끄러운 것이 아니라, 그 잘못을 고칠 줄 모르는 것이 부끄러운 것이다.

2. 공자 : 배우기만 하고 생각하지 않으면 어둡고, 생각하기만 하고 배우지 않으면 위태롭다.

3. 『탈무드』 : 만나는 사람 누구에게나 무언가를 배울 수 있는 사람이 세상에서 가장 현명한 사람이다.

4. 파스칼 : 고민하면서 길을 찾는 사람들, 그것이 참된 인간상이다.

5. 톨스토이 : 모두가 세상을 변화시키려고 노력하지만, 정작 스스로 변하겠다고 생각하는 사람은 없다.

6. 『논어』 : 잘못인 줄 알면서도 고치지 않으면, 그것이야말로 진정한 잘못이다.

7. 조지 버나드 쇼 : 자기 자신을 맑고 밝게 유지해야 한다. 당신은 온 세상을 바라보는 창문이기에.

8. 조지 버나드 쇼 : 자신의 마음을 변화시키지 못하는 사람은 그 무엇도 변화시킬 수 없다.

9. 폴 발레리 : 생각하는 대로 살아라. 그렇지 않으면 사는 대로 생각할

것이다.

10. 칼 하인리히 바게를 : 사람의 가치는 그가 여가 시간에 무엇을 하는
지 보면 분명하게 알 수 있다.

11. 맹자 : 노력해도 결과가 보이지 않으면 자신을 다시 돌아봐야 한다.

12. 도산 안창호 : 남의 성격이 나와 같아지기를 바라지 마라. 매끈한 돌
이나 거친 돌이나 다 제각기 쓸모가 있는 법이다. 남의 성격이 내 성
격과 같아지기를 바라는 것은 어리석은 생각이다.

13. 맹자 : 선행을 하도록 돕는 것이 친구의 도리이다.

14. 마르쿠스 아우렐리우스 : 다른 것은 다 던져 버리고 이 몇 가지만 꼭
붙잡도록 하자. 무엇보다 우리는 현재라는 짧은 순간을 살고 있다
는 점을 명심하라. 나머지 시간은 이미 살았거나 불확실하다.

15. 오프라 윈프리 : 옳다는 느낌이 들지 않는 일이라면 하지 마세요.
이 교훈만 명심해도 후회하는 일은 엄청나게 줄어들 겁니다.

16. 찰스 앨리엇 : 책은 가장 조용하고 변함없는 벗이다. 책은 가장 쉽
게 다가갈 수 있고 가장 현명한 상담자이자, 가장 인내심 있는 교
사이다.

17. 헤르만 헤세 : 새는 알에서 빠져나오려고 애를 쓴다. 알은 하나의
세계이다. 태어나기를 원하는 자는 하나의 세계를 깨뜨리지 않으
면 안 된다.

18. 솔로몬 : 궁핍과 곤란에 처한 때야말로 친구를 시험하기 가장 좋은
기회이다.

19. 존 드라이든 : 처음에는 우리가 습관을 만들지만, 나중에는 습관이
우리를 만든다.

20. 마르쿠스 아우렐리우스 : 행복한 삶을 원하는가? 그렇다면 자신에게 주어진 일을 원칙에 따라, 성심성의껏, 열정을 다해 다른 일에 한눈파는 일 없이 차분하게 완수하라.

21. 빌 게이츠 : 오늘 나를 있게 한 것은 우리 마을 도서관이었다. 하버드 졸업장보다 소중한 것이 독서하는 습관이다.

22. 아인슈타인 : 인생을 살아가는 데는 두 가지 길밖에 없다. 한 가지는 어떤 일도 기적이 아닌 듯 사는 것이요, 다른 하나는 모든 일이 기적인 듯 사는 것이다.

23. 윌리엄 제임스 : 행복해서 웃는 것이 아니라, 웃어서 행복한 것이다.

24. 패트리샤 닐 : 강인하고 긍정적인 태도는 그 어떤 특효약보다 더 많은 기적을 만들어 낸다.

25. 배르벨 바르데츠키 : 잘났든 못났든 자신의 삶에 집중하라.

26. 쇼펜하우어 : 건강이야말로 가장 가치 있는 것이다. 건강한 거지가 왕보다 훨씬 운이 좋다고 할 만큼.

27. 김수환 추기경 : 당신이 이 세상에 태어났을 땐, 당신만이 울었고 당신 주위의 모든 사람이 미소를 지었습니다. 당신이 이 세상을 떠날 땐, 당신 혼자 미소 짓고 당신 주위의 모든 사람이 울도록 그런 인생을 사십시오.

28. 괴테 : 인간은 노력하는 한 방황하는 존재이다.

29. 혜민 : 사랑하는 사람에게 공들이듯이 나 자신에게도 공들여 보셔요.

30. 혜민 : 상처를 지혜로 바꾸세요. 실수하지 않는 사람은 없습니다. 실수하는 것은 단지 내가 잘못된 길로 가고 있다는 사실을 알려 주는 신의 방법입니다.

우리만의 남다른 철학 레시피

31. 배르벨 바르데츠키 : 누구나 좋은 반응을 바란다. 사람들이 칭찬해 주기를 바란다. 그러나 긍지는 자기 스스로가 잘했다고 인정하는 것이다. 남들이 칭찬해 주지 않아도 스스로에게 뿌듯할 수 있을 때 진정한 어른이 된다.

32. 마르쿠스 아우렐리우스 : 다른 사람의 속내를 모른다고 내가 불행해지지는 않는다. 하지만 내 속내를 내가 알지 못하면 반드시 불행해진다.

33. 르네 데카르트 : 좋은 책을 읽는 것은 과거의 가장 뛰어난 사람들과 대화를 나누는 것과 같다.

34. 찰스 다윈, 『진화론』 : 결국 살아남는 종은 강인한 종도 아니고 지적 능력이 뛰어난 종도 아니다. 마지막에 살아남는 것은 변화에 가장 잘 대응하는 종이다.

35. 윌리엄 제임스 : 생각이 바뀌면 행동이 바뀌고, 행동이 바뀌면 습관이 바뀌고, 습관이 바뀌면 인격이 바뀌고, 인격이 바뀌면 운명이 바뀐다.

36. 공자 : 산을 옮기려는 사람도 작은 돌 하나 옮기는 것부터 시작한다.

37. 프랭크 바움, 『오즈의 마법사』 : 위험이 닥쳤을 때 두려워하지 않는 동물은 없단다. 진정한 용기는 두려워하면서도 위험에 맞서는 거야.

38. 도스토옙스키 : 한 인간의 존재를 결정짓는 것은 그가 읽은 책과 그가 쓴 글이다.

39. 소크라테스 : 자기 자신을 돌보는 것은 우리의 영혼을 가꾸는 것이다.

40. 윌리엄 포크너 : 남들보다 더 잘하려고 고민하지 마라. 지금의 나보다 잘하려고 애쓰는 게 훨씬 더 중요하다.

41. 니체 : 우리는 스스로 가치를 규정해야 한다.

42. 인디언 네즈퍼스족 명언 : 그 어떤 동물도 당신보다 훨씬 많은 것을 알고 있다.

43. 에피쿠로스 : 원하는 일이 일어나기를 바라지 말고, 일이 일어나는 대로 일어나기를 바란다면 삶은 순조로울 것이다.

44. 인디언 나바호족 명언 : 너의 생각을 조심하라. 생각이 곧 말이 되기 때문이다. 너의 말을 조심하라. 말이 곧 행동이 되기 때문이다. 너의 행동을 조심하라. 행동이 곧 습관이 되기 때문이다. 너의 습관을 조심하라. 습관이 곧 너의 성격이 되기 때문이다. 너의 성격을 조심하라. 성격이 곧 너의 운명이 되기 때문이다.

45. 데일 카네기 : 행운은 매일 찾아온다. 그러나 그것을 맞이할 준비가 되어 있지 않으면 거의 다 놓치고 만다.

46. 앨버트 아인슈타인 : 한 번도 실수한 적이 없는 사람은 한 번도 새로운 것에 도전해 본 적이 없는 사람이다.

47. 히터 라이브스,『소금인형』: 돈으로 호화로운 집을 살 수 있으나, 행복한 가정은 살 수 없고 돈으로 얼마든지 책을 살 수 있어도, 삶의 지혜는 살 수 없고 돈으로 쾌락을 살 수 있으나, 마음속 깊은 기쁨은 살 수 없고 돈으로 화려한 옷은 살 수 있으나, 참된 아름다움은 살 수 없고 돈으로 명품을 살 수 있으나, 평안을 살 수 없고, 돈으로 성대한 장례식을 치를 수 있지만, 행복한 죽음을 살 수 없다.

48. 『명심보감』: 고깃국이 비록 맛이 좋다고 하지만, 여러 사람의 입을 맞추기는 어렵다.

49. 손무 : 적을 알고 나를 알면 백 번을 싸워도 위태롭지 않다.

50. 헤라클레이토스 : 모든 것은 변한다.

51. 르네 데카르트 : 나는 생각한다. 고로 존재한다.

52. 소크라테스 : 책을 읽는 데 시간을 보내라. 다른 사람이 고생한 것을 통해 쉽게 자기를 개선할 수 있다.

53. 인디언 격언 : 너의 생각이 곧 너의 세계이다.

54. 인디언 격언 : 세상이 얼마나 불공평한지 투덜대면 투덜대는 사람들을 더 많이 만날 것이다. 삶이 가치 없다고 믿는다면 항상 가치 없는 증거를 발견할 것이다. 자신에게 화낼 권리가 있다고 생각한다면 화를 내야 할 것들을 더 많이 찾아낼 것이다. 세상이 불공평하다고 믿는다면 미궁에서 빠져나오지 못할 것이다.

55. 김구 : 상처를 받을 것인지 말 것인지는 내가 결정한다. 또 상처를 키울 것인지 말 것인지도 내가 결정한다. 그 사람의 행동을 어쩔 수 없지만, 반응은 언제나 내 몫이다.

56. 헤밍웨이 : 다른 사람보다 우수하다고 고귀한 것은 아니다. 과거의 자신보다 우수한 것이야말로 진정한 고귀함이다.

57. 샤를 그 몽테스키외 : 행복의 비밀은 이 세상의 모든 아름다움을 보는 것이다. 행복하기만을 바란다면 쉽게 이룰 수 있을 것이다. 그러나 우리는 언제나 다른 사람보다 더 행복하기를 바라기 때문에 행복해질 수 없다.

58. 리처드 칼슨 : 마음을 고쳐먹으면 당신은 그 누구보다도 행복해질 수 있다.

59. 유재석 : 최선을 다하지도 않으면서 최고가 되려고 하지 말라.

60. 윈스턴 처칠 : 헛되이 보낸 오늘 하루는 언젠가 반드시 나에게 복수
    한다.

61. 웨인 다이어 : 존재하는 것은 지금 이 순간뿐이다. 인생의 순간순간
    을 붙잡아서 음미하라. 지금 이 순간을 소중히 여겨라. 몸에 익숙
    해진 습관을 떨치기 위해서는 혹독한 정성을 기울여라.

62. 톨스토이 : 모든 사람이 세상을 바꾸겠다고 생각하지만, 누구도 자
    기 자신을 바꿀 생각은 하지 않는다.

63. 톨스토이 : 자기 습관의 주인이 돼라. 습관이 우리의 주인이 되도
    록 해서는 안 된다.

64. 넬슨 만델라 : 세상에서 가장 어려운 일은 세상을 바꾸는 것이 아니
    라 우리 자신을 바꾸는 것이다.

65. 도스토옙스키 : 습관이란 인간이 어떤 일이든지 하게 만든다.

66. 토머스 에디슨 : 잠재의식에 아무런 요청도 하지 않은 채 잠자리에
    들지 마라.

67. 아리스토텔레스 : 한 마리의 제비가 날아왔다고 봄이 온 것은 아니
    며, 하루의 실천만으로 행복한 사람이 되는 것도 아니다.

68. 소크라테스 : 성찰하지 않는 삶은 가치가 없다.

69. 스피노자 : 대부분의 싸움은 자기 생각을 제대로 표현하지 못하거
    나, 다른 사람의 생각을 잘못 이해하기 때문에 생긴다.

70. 마르쿠스 아우렐리우스 : 날이 새면 너 자신에게 말하라. 오늘 나
    는 주제넘은 사람을, 배은망덕한 사람을, 교만한 사람을, 음흉
    한 사람을, 시기심 많은 사람을, 붙임성 없는 사람을 만나게 되
    겠지라고.

우리만의 남다른 철학 레시피

71. 존 스튜어트 밀 : 사람이 본인의 믿음에 대한 자신감을 정당화할 수 있는 유일한 방법은 자신의 의견과 행동에 대한 비판에 열린 태도를 유지하는 것, 그리고 비난을 경청하는 습관을 통해 적절한 교훈을 얻는 것뿐이다.

72. 틱낫한 : 당신 자신이 되어라. 삶은 있는 그대로가 중요하다. 그저 존재하라.

73. 디즈 레일리 : 인생은 사소한 일에 신경 쓰기에는 너무 짧다.

74. 인디언 격언 : 친구란 '괴로움과 즐거움을 함께 나누는 이'이다.

75. 쇼펜하우어 : 친구란 신중한 사람이 거리를 두고 자신을 훈훈하게 하는 불과 같은 존재이다.

76. 아리스토텔레스 : 친구란 두 개의 육체에 깃든 하나의 영혼이다.

77. 생텍쥐페리 : 사랑한다는 것은 두 사람이 서로 마주 보는 것이 아니라, 같은 곳을 함께 바라보는 것이다.

78. 공자 : 네가 하기 싫은 일을 남에게 시키지 마라.

79. 이어령 : 공감, 그것은 피아노와 손의 관계이다. 마음을 건드리는 하나의 음악이다.

80. 에픽테토스 : 만약 어떤 이가 불행해하거든, 그가 오로지 자기 자신 때문에 불행하다는 것을 일깨워 주어라.

81. 스콧 피츠제럴드 : 누군가를 비판하고 싶어질 때마다 세상 모든 사람이 네가 가진 장점을 다 가진 게 아니라는 사실만을 기억하렴.

82. 제인 오스틴, 『오만과 편견』 : 오만은 자기 자신을 바라보는 관점에서 비롯된 것이고, 허영은 다른 사람들이 자신을 어떻게 봐주기를

원하는가에서 비롯된다.

83. 헤르만 헤세 : 누군가를 미워하고 있다면 그 사람의 모습 속에 비치는 나 자신의 일부를 미워하는 것이다.

84. 성경 : 제 눈에 들보는 보지 못하고, 남의 눈에 티끌을 탓한다.

85. 칼 융 : 다른 사람의 단점은 나를 성찰할 수 있는 아주 좋은 기회이다.

86. 샬럿 브론테 : 세상에 완전한 사람이 어디 있겠는가! 아주 깨끗한 달의 표면에도 티는 있게 마련이다.

87. 니체 : 그 하룻밤, 그 책 한 권, 그 한 줄로 혁명이 가능해질지도 모른다.

88. 벤저민 프랭클린 : 독서는 인간을 정신적으로 충실하고 심오하게 해 줄 뿐 아니라 영리한 두뇌를 만들어 준다.

89. 황석영 : 나는 궤도에서 이탈한 소행성이야. 흘러가면서 내 길을 만들 거야.

90. 앨버트 슈바이처 : 인생의 비참함을 잊을 수 있게 해 주는 두 가지는 바로 음악과 고양이이다.

91. 파스칼 : 정의 없는 힘은 무력이고, 또한 힘없는 정의는 무효하다.

92. 제레미 벤담 : 문제는 그들에게 이성이 있는지 혹은 언어를 구사할 수 있는지가 아니라, 고통을 느낄 수 있는지다.

93. 『채근담』 : 따지기를 좋아하는 것은 현명한 것이 아니다. 따져야 할 때는 잘 따지고, 하지 말아야 할 때는 하지 않아야 현명한 것이다. 언제나 이기는 것이 용기는 아니다. 이겨야 할 때 이길 줄 알 것이며, 이기지 않아도 될 때는 이기지 않을 수 있어야 이를 진짜 용기

라고 할 것이다.

94. 니체 : 나라는 인간을 체험하는 것, 그것이 삶이다.

95. 헬렌 켈러 : 세상은 고통으로 가득하지만 한편 그것을 이겨 내는 일로도 가득 차 있다.

96. 정약용 : 노즉수(怒則囚), 화가 나면 그 화를 죄인 가두듯 가두어라.

97. 타고르(인도의 철학자, 노벨문학상 수상자) : 삶을 의미 있게 하는 질문! 첫 번째, 오늘은 어떻게 지냈는가? 두 번째, 오늘은 어디에 갔었는가? 세 번째, 오늘은 어떤 사람을 만났는가? 네 번째, 오늘은 무엇을 하였는가? 다섯 번째, 오늘은 무엇을 잊어야 하는가?

98. 시드니 스미스 : 책을 읽을 때 당신은 가장 좋은 친구와 함께 있는 것이다.

99. 막심 고리키 : 욕을 해서 가장 큰 상처를 받는 이는 욕을 내뱉은 바로 그 사람 자신이다.

100. 조지 버나드 쇼 : 비참해지게 되는 비결은 자신이 행복한지 아닌지 고민할 여유를 가지는 것이다.

| 참고 자료 및 추천 도서 |

"이 책을 만드는 데 읽고 도움이 된 참고 및 추천 도서들입니다. 더 깊은 지혜를 얻는 데 도움이 됩니다."

• 노다 교코, 『강하게 살아가게 하는 가르침 니체 명언집』, 지식여행

• 앤서니 케니, 『고대철학』, 서광사

• 정창우 외, 『고등학교 윤리와 사상』, 미래엔

• 곰돌이 푸 원작, 『곰돌이 푸, 행복한 일은 매일 있어』, RHK

• 제롬 B, 슈니윈드, 『근대 도덕철학의 역사: 자율의 발명 1-3』, 나남

• 앤서니 케니, 『근대철학』, 서광사

• 법륜, 『금강경 강의』, 정토출판

• 양창순, 『나는 까칠하게 살기로 했다』, 다산북스

• 양창순, 『나는 외롭다고 아무나 만나지 않는다』, 다산북스

• 한창욱, 『나는 왜 사소한 것에 목숨 거는가』, 정민미디어

• 크리스텔 프티콜랭, 『나는 생각이 너무 많아』, 부키

• 배르벨 바르데츠키, 『너는 나에게 상처를 줄 수 없다』, 걷는나무

• 노자, 『노자』, 타임기획

우리만의 남다른 철학 레시피

- 한국철학사상연구회, 『노자의 도덕경』, 삼성출판

- 닉부이치치, 『닉부이치치의 점프』, 두란노

- 황경식, 『내 아이를 위한 인성 수업』, 트로이목마

- 데일 카네기, 『데일 카네기의 인간관계론』, 리베르

- 데일 카테기, 『데일 카테기의 자기 관리론』, 리베르

- 『도덕 1, 2 교과서』, 천재교육

- 알폰소 고메스, 강두호, 『도덕과 인간의 선』, 인간사랑

- 따돌림사회연구모임 권리교육팀, 『도덕성 인성 생활교육 프로그램 10대 언어보감』, 마리북스

- 한성희, 『딸에게 보내는 심리학 편지』, 메이븐

- 마르쿠스 아우렐리우스, 『명상록』, 현대지성

- 로버트 L. 애링턴, 『서양 윤리학사』, 서광사

- 숀 코비, 『성공하는 사람들의 7가지 습관』, 김영사

- 김구, 『쉽게 읽는 백범일지』, 돌베개

- 문종길, 『생활과 윤리』, 책과나무

- 노학자, 『순자에게 배우는 처세의 기술』, 이젤출판사

- 마르코스 바스케스, 『스토아적 삶의 권유』, 레드스톤

- 노학자, 『쓰면 삼키고 달면 뱉어라』, 이젤

- 김종원, 『아이를 위한 하루 한 줄 인문학』, 청림라이프

- 제프 샌더스, 『아침 5시의 기적』, 비즈니스북스

- 양창순, 『오늘 참 괜찮은 나를 만났다』, 김영사

- 혜민, 『완벽하지 않은 것들에 대한 사랑』, 수오서재

- 서울대학교 인지학습연구회, 『연구로 본 교육심리학』, 학지사

- 문종길 · 김상범, 『윤리와 사상 1』, 책과나무

- 로저트리그, 『인간 본성에 관한 10가지 철학적 성찰』, 자작나무

- 레프 톨스토이, 『인생독본』, 문학동네

- 법륜, 『인생수업』, 휴

- 한창욱, 『인생을 어떻게 살면 좋겠냐고 묻는 딸에게』, 다연

- 장자, 『장자』, 타임기획

- 조셉 델루슈킨, 『죽기 전에 한번은 유대인을 만나라』, 북스넛

- 앤서니 케니, 『중세철학』, 서광사

- 한지선, 『지금 위로가 필요한 당신에게 사춘기 소녀들이 건네는 말』,
부크크

- 이지선, 『지선아 사랑해』, 이레

- 김태현, 『지적 교양 지적 대화 걸작 문학작품 속 명언 600』, 리텍 콘텐츠

- 다봄 편집부, 『진정한 삶의 의미를 전하는 인디언의 지혜와 잠언』, 다 봄북스

- 홍자성, 『채근담』, 홍익출판사

- 안광복, 『처음 읽는 서양 철학사』, 어크로스

- 야마구치 슈, 『철학은 어떻게 삶의 무기가 되는가』, 다산초당

- 개러스 사우스웰, 『철학 100문장』, 미래의 창

- 황광우, 『철학콘서트』, 웅진지식하우스

- 안광복, 『철학 역사를 만나다』, 웅진지식하우스

- 김경일, 『청소년을 위한 이야기 동양사상』, 바다출판사

- 박해용, 『청소년을 위한 서양 철학사』, 두리미디어

- 강성률, 『청소년을 위한 서양철학사』, 반석

- 박해용·심옥숙, 『청소년을 위한 친절한 서양 철학사』, 문예춘추사

- 플라톤, 『플라톤의 대화편』, 창

- 정경오, 『행여 공부를 하려거든』, 양철북

- 이상헌, 『흥하는 말씨, 망하는 말투』, 현문미디어

- 이충호, 『10대를 위한 좋은 생각 좋은 습관』, 하늘아래

• 박재희, 『3분 고전』, 작은씨앗

• 린다 피콧, 『365 매일 읽는 긍정의 한 줄』, 책이있는풍경

우리만의 남다른 철학 레시피

Saturn return(장지에 채색 및 자개, 45.5x33.4cm, 2023)

작가 **한지선**
Email: jjshjs@naver.com
Instagram: mind_recipe_
YouTube Channel: 마인드 레시피

그림작가 **이다민**
Email: daminpink@gmail.com
Instagram: damiymi